締め切りより早く提出されたレポートはなぜつまらないのか

「先延ばし」と「前倒し」の心理学

安達未来

光文社新書

はじめに

子どもの頃、あなたは夏休みの宿題を、いつはじめていましたか？

「夏休みの終わり頃からとりかかっていた」「2学期がはじまる直前になって急いではじめていた」という人もいれば、「夏休みの宿題はもらったらすぐやるタイプだった」「夏休みに入る前に終わらせるくらいの勢いだった」という人もいるでしょう。

もう1つ、運転免許証についてお尋ねします（免許証をお持ちでない方は、更新が必要なカードや証明書をイメージしてください）。免許証の更新のお知らせが届いたとき、あなたは更新期限の最終日が迫ってきてから行くタイプですか？　それともできる範囲で早めに行くタイプですか？　そのときの都合によると思われる方は、「どちらかといえば」のスタンスでご回答ください。

これら2つの質問に対する前者の回答と後者の回答はそれぞれ、「先延ばし」(procrastination)、「前倒し」(precrastination) という心理学の概念を反映しています。いずれの概念も、私たちの日常生活に密接に関わっています。

「先延ばし」というと、やらなければならないことを後回しにするという意味で、怠惰なイメージをもたれるかもしれません。明日が締め切りの課題があるのにまだ手をつけていなかったり、今やるべきとわかっていてもつい「明日やればいっか」と放置してしまったりして、事態を悪化させる印象がありますね。

一方で、「前倒し」というと、宿題はすぐにやる、やらなければならないことに早めにとりかかるという意味で、堅実で計画的というイメージを思い描かれるかもしれません。もちろん、宿題は先延ばさない方が授業への理解度も高まるでしょうし、場合によっては遅れたことによるペナルティを受けなくて済むかもしれません。

しかし、この2つは単に「望ましい――望ましくない」という直線上で捉えられる概念ではありません。先延ばしと前倒しが反対の意味をもつということでは必ずしもなく、実際はより複雑です。本書では、タスクマネジメントの観点から先延ばしと前倒しを捉え、それぞれの特徴や長所および短所を、セルフコントロールという言葉を切り口に解説していきます。

そして、なぜ先延ばしや前倒しが生じるのかというメカニズムや、先延ばししやすい人、前倒ししやすい人の特徴などを、これまでの研究や日常生活での例をもとにわかりやすく説明していきます。

ちなみに、「先延ばし」は英語のprocrastination（プロクラスティネーション）の日本語訳です。心理学の分野において、古くから研究されてきたテーマの1つといえます。これに対し、「前倒し」はprecrastination（プレクラスティネーション）の日本語訳です。

precrastinationは２０１４年に作られた用語で、procrastinationの接頭語「pro」の部分を「pre」に変えて作られました。現在ではprecrastinationという単語も一般化され、辞書に載っていることもありますが、procrastinationに比べると研究の歴史は浅く、心理学の分野では比較的新しい概念です。そのため、「先延ばし」のように適切な日本語訳が定着していないのが現状です。

本書では、precrastination の日本語訳として「前倒し」という表現を用いています。日本語の「前倒し」と聞くと〝新しい概念〟ではないような気もしますが、precrastination の和訳と捉えて読んでいただければ幸いです。

さて、冒頭の２つの質問に戻りましょう。夏休みの宿題は休みの最終日まで溜め込み、運転免許証の更新も最終日に慌てて駆け込むという方は、「先延ばし」派だと考えられます。反対に、夏休みの宿題をすぐにやり、運転免許証の更新もできるだけ早めに行くと答えた方は、「前倒し」派の傾向が強いと考えられます。

しかし、これらそれぞれの特徴を正しく理解するのは、簡単なことではありません。先延ばすのでも前倒すのでもなく、毎日コツコツ進めていた人もいるでしょう。ついグダグダして先延ばすときもあれば、さっさととりかかるときもあったという人もいるでしょう。

そもそも、先延ばしというのは絶対に悪いことなのでしょうか。一方で、すべてのことを前倒しして早く片付けることは、本当によいことばかりなのでしょうか。

本書を手に取っていただいた方の多くは、先延ばしや前倒しに関心をおもちかと思います。私も、この現象に学生時代から漠然と興味があり、「宿題をいつも早めに提出する人もいれば、そうでない人もいる。この違いは何だろう」「いつもは早めに宿題をこなすのに、最近は遅れている人がいる。なぜ同じ人であってもこうした違いが表れるのだろう」と考えることがよくありました。自分自身の学生時代を回顧してみても、「なぜあの日はあんなに頑張っていたのに、あの日は先延ばしてばかりいたんだろう」と考えることも。これらの「なぜ」を起点としながら、人の行動に影響を与える状況やパーソナリティの原因を明らかにする研究を行ってきました。

私は社会心理学、教育心理学を専門とする研究者です。所属している大学では、青年心理学、教育心理学などの授業を担当しています。身近な現象に対する「なぜ」にもとづき、問題の原因を多様な観点から考えていく。こうしたアプローチを基本として、先延ばしや前倒しに関する先の問いをもとに、調査や実験を行っています。問いに対する1つの答えを明らかにすることができても、パーソナリティが異なる人には通用しないかもしれませんし、もしくは同じ人であっても、状況が違えばその考え方が通用しないこともあります。こうした考え方をふまえて、学生の皆さんと議論できることに魅力を感じるのも、心理学を学び続ける理由の1つです。

本書では、先延ばしや前倒しに関する私の研究や、これまでどのような研究が行われてきたかを概観していきます。しかし、先延ばしも前倒しも私たちにとって非常に身近な現象ですから、研究の紹介だけでなく、私自身が経験した日常生活での些細な気付きやエピソードなども交えて話を進めていきます。本書を手に取っている皆さんも、ぜひご自身の行動の癖や傾向をふり返りながら読み進めてみてください。

なお、本書では「先延ばしをする」ことを「先延ばす」、「前倒しをする」ことを「前倒す」と表現しています。

これらの造語がありふれた動詞として社会に浸透する日も、そう遠くないかもしれません。

締め切りより早く提出されたレポートはなぜつまらないのか

「先延ばし」と「前倒し」の心理学

目次

序章

1章

先延ばしとセルフコントロール ―― 43

2章

先延ばしは本当に悪いのか？

3章

前倒し概念の誕生 109

4章 前倒しとセルフコントロール

終章

目次・図版・章扉制作/マーリンクレイン

序章

タスクマネジメントとは何か

1. 現代の日常はマルチタスク

私たちは日々、「あれもこれもやらなくちゃ」とあらゆるタスクをかかえながら生活しています。

たとえば、「明日は○○時までにあのメールに返信しよう」「その後は○○について報告書をまとめよう」「プレゼンテーションの準備をしよう」「会議と打ち合わせの予定を決めよう」など、複数のタスクに対して計画を立てることがあるでしょう。仕事が終わってからは、買い物をして、帰宅してからは洗濯をして……と、家庭内タスクもたくさんあります。学生の方は、レポートや宿題、アルバイト、部活動などのさまざまなジャンルのタスクを日々処理しているでしょう。

このように、私たちは仕事から家事にいたるまでの、さまざまな種類のタスクを処理しています。現代人の日常生活は、常に「マルチタスク」状態といえるかもしれません。「マルチタスク」という言葉はもともと、1つのコンピュータが同時に複数の情報処理を行うことを指します。私たちが複数のタスクを処理するときは、同時進行、もしくは短期間でタスクを切り替えて処理するコンピュータのマルチタスクとは違い、タスクに取り組む順序までもを決めながら処理しています。本書では、これをタスクマネジメントと捉えます。

マルチタスクと聞くと、とても忙しい状態やストレスのかかった状態をイメージされるかもしれませんが、私たちはその1つひとつのタスクを必ずしも一様に捉えているわけではありません。タスクの種類や性質によって取り組み方や順序を変更しながら、なるべく自分にとって負担のかからない方法で処理しています。「これはすぐに終わる仕事だからさっさと済ませよう」「これは熟考の必要がある仕事だから時間をかけてじっくり取り組もう」といったように、タスクの性質に合わせて処理しているのです。

加えて、タスクのなかには自動化やルーティーン化されたものもあるでしょう。自動化されたタスクは、複数かかえていたとしても認知的なエネルギーをあまり使わずに処理できるので、それほど大きな負担になりません。ただし、重大なプロジェクトに関わるミーティングが立て続けに予定されているなど、すぐに終わらせることができない仕事を複数かかえている場合は、自動化されたタスクにもストレスを感じることはあります。

たとえば、私は大学教員として働いているので、仕事に関しては「授業のタスク」「研究のタスク」「校務のタスク」などがあります。この原稿を書いている今は大学の授業期間なので、来週の授業で使う資料を作る、先週の授業で提出された課題のチェック、抄録（学会発表の内容をまとめた要旨）の作成、メールの返信など、複数のタスクをかかえています。

さらに、比較的長期のタスクがあります。先月収集した調査データの分析、論文執筆、論文の査読（投稿された論文に対して審査やコメントをする）、研究の打ち合わせやミーティングの日程調整、研究の報告書執筆などです。学会前の時期や年度末、年度初めの繁忙期に入ると、タスクはさらに積み上げられます。

仕事だけではありません。週末は雨の予報だから平日のうちに大物を洗濯しておく、食材の買い出し、衣替え、クリーニングに出したものを取りに行く……などなど、家庭内タスクも山積みです。

現代人の多くが、このような多岐にわたるタスクをかかえています。こうしたさまざまなタスクを、具体的にどのように処理していけばよいのでしょうか。

2．ToDoリストを作成する意味

タスク処理の効率化を図る方法の1つに「ToDoリストの作成」があります。まず、頭のなかにある複数のタスクを、紙やデジタルデバイスに書き起こします。次に、書き起こした1つひとつのタスクを見て、とりかかる順序を決めていきます。目の前にあるタスクを矢継ぎ早に片付けていくよりも、まずは全体のタスクを俯瞰し、取り組む順序を決めることは、頭のなかを整理することにもなりますし、おおまかなスケジュールや見通しを立てることにもつながります。頭のなかだけでは混乱しそうなタスクを「見える化」するわけです。

タスクの進行中は、完了したタスクにチェックを入れたり消去したりして、進み具合を明確にします。こうすることで頭のなかもすっきりしていきます。計画通りに進まないことがあれば、順序を変更したり、今日のＴｏＤｏリストから明日以降のＴｏＤｏリストに移動したりして、臨機応変に計画を調整することもできます。

ここで皆さんもぜひ、一度本書を脇に置いて、その辺のノートや付箋紙、パソコンやスマホのメモ帳などに、ＴｏＤｏリストを作成してみてください。まずは「1ヶ月以内にやるべきことリスト」が書きやすいかと思います。ちなみに、手書きの場合は付箋紙を使って1枚につき1つのタスクを記入すると、タスクの順序を変えられるので便利です。

ここに書き出すタスクは、仕事や勉強に限りません。タスクという表現に合わない気がするかもしれませんが、娯楽や地域行事への参加、ルーティーンワーク、些細な予定も、ＴｏＤｏリストに入れてみてください。学生の方は、定期試験やレポートなどの課題に向けて、複数の科目の勉強やレポート作成にどのような順序で取り組むか、といったことも入れてください。

さて、皆さんのリストはどんなものになったでしょうか。私の1ヶ月のＴｏＤｏリストは、**図表0－1**のようになりました。作成したＴｏＤｏリストを見ながら、どのタスクから取り組もうかを考えていくうちに、その判断や決定の基準が複数の要因によって左右されることに気が付くはずです。次節では、タスクマネジメントに影響を与える要因を分解して整理してみることにします。

3．タスクマネジメントに影響する要因

3－1．締め切り

タスクにはしばしば、締め切りが設けられます。**図表0－1**に示した私のＴｏＤｏリストを例に考えていきましょう。

たとえば、論文の抄録の提出の締め切りは今週末です。このように、期日が迫っているタスクは緊急に取り組む必要があるため、優先されるでしょう。授業の準備も同様です。来週には次の授業があるのでこれも先送りできません。もし、何か講演会の準備があるとすれば、その講演会の開催日によって優先度は変わってくるでしょう。締め切りまでに残された時間がどれくらいかを考えると、取り組む順序の見通しが立つかもしれません。

図表0-1　筆者のToDoリスト

- □ 来週の授業の準備をする（資料と課題を作成する）
- □ 学生の提出課題をチェックする
- □ 論文を読む
- □ 会議の日程調整メールへの返信をする
- □ 会議の議事録を作成する
- □ 会議の議題に目を通す
- □ 学生の面談の日程調整をする（ためのメールを送る）
- □ 本書の原稿を書く
- □ 抄録を作る
- □ 研究室の整理をする
- □ 論文の修正をする
- □ 購入した本を読む
- □ 洗濯物を干す
- □ 夕飯の食器の後片付けをする
- □ 見逃したドラマを見る
- □ 衣替えをする

筆者作成

しかし、締め切りまでの時間の長さという客観的な物差しとは別の、主観的な「時間的距離感」が影響することもあります。時間的距離感とは、「ある出来事をもうすぐのように近くに感じるか、まだ先のことのように遠くに感じるか」といった感覚を指します。時間的距離感は個人によってさまざまですが、この時間的距離感が長くなる、つまり締め切りを遠い先のことのように感じるほど、人はそのタスクに対し楽観的な予測をしやすくなります。そして、タスクの処理や遂行に対して楽観的な予測をすることは「計画錯誤《さくご》」といわれます。[1]

たとえば、今この原稿を書いている私の目の前には、本書の執筆に関するおおまかなスケジュール案があります。「これくらいのペースで進められるだろう」と予測しても、実際に執筆を進めていくと、当初の予定よりも初稿の完成までに長い時間がかかってしまうこともあります。皆さんも、レポートの締め切りが1週間後に迫っているのに「あと1週間もある。1日あれば終わるからまだやらなくても大丈夫」と楽観的に予測し、実際には想定以上の時間がかかってしまい、締め切りギリギリ、あるいは遅延して提出したという経験はありませんか？　これが計画錯誤です。

では、将来を予測する際に、実際よりも楽観的に見積もるのはなぜでしょうか。

その原因の1つが解釈の抽象度です。[2] たとえば、「明日の自分と10年後の自分を想像してみてください」といわれたとき、皆さんはどちらをより明確にイメージできるでしょうか。

おそらく10年後の自分に対しては、明日の自分に比べてぼんやりとして曖昧な、すなわち抽象的なイメージをもつと思います。遠い将来のことを想像することは、その対象の抽象的な情報への注目度を高めます。反対に、近い将来のことを考えると、具体的な情報に注目しやすくなります。たとえば、受験を1年後に控えているときは、漠然とした憧れをもとに志望校をイメージするかもしれませんが、受験が1ヶ月後に迫っているときは、現実的かつ具体的な受験校をあげ、その入学試験に備えるために具体的な策を講じるでしょう。受験に対する解釈の抽象度が変わるのです。

本書の冒頭で質問した夏休みの宿題についても、「まだあと何日もある」と締め切りまでの時間的距離を遠くに感じることで、何から取り組むかといった具体的な情報に目を向けにくくなるため、計画錯誤が生じるのです。逆に「あと何日しかない」と時間的距離を近くに感じることで、具体的な解釈をもとに綿密な計画が立てられるかもしれません。

先ほど書いた**図表0－1**のToDoリストを、本節で述べた締め切りにしたがって整理したのが**図表0－2**です。上から期限が差し迫っている順になっています。《今日中》の欄に書かれたタスクには、この後すぐにとりかかるでしょう。《今週中》と《今月中》の欄に書かれたタスクにも、順次取り組んでいきたいのですが、このなかには私の時間的距離感が影響を与えそうなタスクもあります。抄録の締め切りはまだ先ですが、「まだあと1週間もある」と思わずに、あえて「あと1週間しかない！」と認識することで、早めにとりかかることができるでしょう。

最も優先順位が低くなるのは、締め切りのない課題です。正確には締め切りがないわけではなく、自らが締め切りを設定できる比較的自由度の高いタスクです。これらのタスクにどのタイミングでとりかかるのかは、後節で整理しながら考えていきます。

3−2. タスクの性質

タスクマネジメントに影響を与える2つ目の要因は、タスクそのものがもつ性質です。タスクの性質はさまざまですが、ここではタスクの重要性や難易度に着目します。

たとえば、そのタスクはすぐに完了できるのか、じっくり考えなければならないかといった重要性や難しさが異なる場合、それによって優先順位が変わってきます。学生の方は、定期試験の前に何から勉強しようかを考えるとき、試験日が迫った科目から勉強しようと計画を立てるかもしれません。ですがそれ以外に、自分にとって勉強しておくべき重要な科目、

図表0-2　筆者のToDoリスト（締め切りにしたがって整理した場合）

《今日中》

- □ 来週の授業の準備をする（資料と課題を作成する）
- □ 学生の提出課題をチェックする
- □ 洗濯物を干す
- □ 夕飯の食器の後片付けをする

《今週中》

- □ 会議の日程調整メールへの返信をする
- □ 会議の議事録を作成する
- □ 学生の面談の日程調整をする（ためのメールを送る）
- □ 抄録を作る
- □ 見逃したドラマを見る

《今月中》

- □ 会議の議題に目を通す
- □ 本書の原稿を書く
- □ 論文の修正をする

《締め切りなし》

- □ 論文を読む
- □ 研究室の整理をする
- □ 購入した本を読む
- □ 衣替えをする

筆者作成

もしくは難しい科目があると、それから優先して取り組もう、もしくはその勉強は後でゆっくり取り組もうと決めることもあるでしょう。

ここで、前節で述べたタスクの締め切りまでの時間を、緊急性という言葉で表したうえで、緊急性と重要性の組み合わせによって4つのタスクに分類したマトリクスを紹介します。これは、アメリカの作家スティーブン・R・コヴィー博士によって、時間管理の中心をなす考えとして提唱されたものです。[3] 緊急性が高く重要であるタスク（A）、緊急性は高いが重要でないタスク（B）、緊急性は低いが重要であるタスク（C）、緊急性が低く重要でないタスク（D）の4種類に分類されます（**図表0－3**）。

ジョンズ・ホプキンズ大学のチューらの研究グループは、こうした緊急性や重要性の異なるタスクの処理について、「単なる緊急性の効果」がみられることを明らかにしています。[4]

一般的に、重要なタスクは、タスクの達成やゴールまでの道筋がみえにくく、多くの時間を必要とすることがほとんどです。そのため、タスクへのモチベーションが削がれやすいという特徴があります。そうしたタスクよりも、緊急性が高く、ゴールが明確で即時的なタスクの方が優先されやすいことを、「単なる緊急性の効果」といいます。

チューらは実験を通して、たとえ重要性が低い、つまり得られる報酬が低いタスクであっ

図表0-3　時間管理のマトリクス

出典：スティーブン・R・コヴィー(2020).「完訳　7つの習慣　30周年記念版」を参考に筆者作成

ても、緊急性が高まる、つまり制限時間が短く締め切りが近づいていると認識するだけで、そのタスクが優先されやすくなることを明らかにしています。つまり、緊急性は低いが重要であるタスク（C）よりも、緊急性が高いが重要でないタスク（B）の方が優先されやすいというわけです。

たとえば、制限時間が丸1日のタスクと10分間のタスクがあったとして、客観的にみれば丸1日のタスクの方が報酬は高いとわかっていても、10分間のタスクが優先されやすいというのは、人の注意がタスクの重要性よりも、制限された時間による緊急性に向けられていることを表しています。

それでは再び私のToDoリストを、その

マトリクスにしたがって整理してみます（図表0－4）。横軸は緊急性を表しています。右側の（A）と（B）は緊急性が高い、つまりすぐにやる必要のあるタスク、左側の（C）と（D）は緊急性が低い、つまりまだあまり焦る必要がなかったり、締め切りが明確でなかったりするタスクです。縦軸は重要性を表しています。上側の（A）と（C）は重要性が高いタスクです。なかにはかなりの集中力を必要とするタスクもあります。一方で下側の（B）と（D）は重要性が低いタスクです。重要性が低いといっても、それらのタスクの価値を低く評価しているわけではなく、あまり多くの集中力や認知的なエネルギーを消費することなく実行できるという意味です。

では、マトリクスの右上のタスク（A）からみていきましょう。どれも前節で述べた通り、期限が迫っていることもあり、すぐにとりかかるべきタスクです。

右下（B）は、緊急性が高いものの、あまり多くの認知的なエネルギーを必要としないタスクです。特に家事に関するタスクは、手を動かしながら頭ではほかのことを考えていることも多く、ルーティーン化されていることが多いです。「見逃したドラマを見る」の緊急性が高いのは、次回の放送前に見ないとウェブサイトでの配信期間が終了してしまうため、このタスクには締め切りがあることになります。こうした条件がある場合、娯楽でも「緊急性

図表0-4　筆者のToDoリスト整理
（時間管理のマトリクスにしたがって整理した場合）

重要性高

C　緊急性低／重要性高

- 本書の原稿を書く
- 論文の修正をする
- 論文を読む

A　緊急性高／重要性高

- 来週の授業の準備をする（資料と課題を作成する）
- 学生の提出課題をチェックする
- 抄録を作る

緊急性高

D　緊急性低／重要性低

- 会議の議題に目を通す
- 研究室の整理をする
- 購入した本を読む
- 衣替えをする

B　緊急性高／重要性低

- 会議の日程調整メールへの返信をする
- 学生の面談の日程調整をする（ためのメールを送る）
- 会議の議事録を作成する
- 洗濯物を干す
- 夕飯の食器の後片付けをする
- 見逃したドラマを見る

筆者作成

が高い」（B）に含まれます。

左上（C）は、明確な締め切りが設定されることがあまりなく、焦る必要はないものの、時間をかけて行う必要のある重要なタスクです。「単なる緊急性の効果」は、こうした左上のタスク（C）よりも、右下にあるタスク（B）の方が優先されやすいことを指します。実際、論文の修正や本の執筆が重要であるとわかりつつも、重要性の低い喫緊のタスクにとりかかろうとしている自分がいます。

左下（D）は、緊急性も低く重要性も低いということで、最も優先順位は低いでしょう。とはいえ、本書を書いている今は季節の変わり目です。衣替えをするというタスクも時間が経つと、緊急性が高まってくるかもしれません。

3-3. タスクへの選好と動機づけ

ここまでみてきたタスクマネジメントに影響を与える要因は、どちらかといえば、タスクそのものの性質や特徴によるものでした。

次に紹介するのは、タスクに対する主観的な心理状態を反映した感情的な要因です。つまり、そのタスクが好きか嫌いか、得意か苦手か、やりたいかやりたくないかです。もちろん、

「このタスクは重要ではないが好き」のように、タスクの性質と感情的な側面を組み合わせて考える場合もありますが、ここでは簡略化して整理するため、両者を分けて考えます。

ここでは、学校の宿題を例に考えてみましょう。自分の得意な科目からはじめようとする人もいれば、逆に苦手な科目の宿題から先に片付けて、後から得意な科目をするという人もいるかもしれません。それ以外にも、科目に対する興味の度合い、つまりおもしろいと感じる課題であるかどうか、もしくは退屈な課題かどうかは、取り組み順序に何らかの影響を与えるでしょう。

同じように、それぞれのタスクがどのように動機づけられているかによっても変わってきます。親や先生にやりなさいと指示されてやるタスクか、自らやりたいと決めたタスクか、つまりタスクへの動機づけが外部にあるのか、内部にあるのかです。

たとえば、**図表0－4**の右下のタスク（B）は「単なる緊急性の効果」によるものとも捉えられますが、同じ（B）に分類されたタスクのなかにも楽しみなタスクとそうでないタスクが混在しています。

たとえば、宿題をするというタスクとゲームをするというタスクがあったとします。宿題は「やらなければならない」タスク、ゲームは自分が積極的に「やりたい」と思えるタスクである場合、皆さんはどちらに先に手を伸ばすでしょうか。やりたいことへの誘惑に負けて、「まずは少しゲームをしてから宿題をやろう」という人もいれば、「さっさと宿題を終わらせて、後でゲームをしよう」という人もいるでしょう。

選好が異なるタスクの取り組み順序を決める際にしばしば影響を与えるのが、この誘惑です。多くの人にとって、宿題よりもゲームをしているときの方が、当然楽しいわけです。ゲームを優先することによって、後回しにした宿題になかなかとりかかれず、最終的に宿題を期限までに終わらせることができなくなる可能性もあります。

こうした誘惑を断ち切ることを「セルフコントロール」といいます。目標やゴールを追求するため、それらの目標を妨げる欲求や誘惑、衝動を抑制したり我慢したりすることを指します。目先のゲームを楽しむか、やらなければならない宿題をするかという葛藤を解決し、後のことを考えて優先順位をつけることでもあります。

この場合、「今ゲームをすると、後で大変な思いをするかもしれない」「先に宿題をしておいて、後でめいっぱいゲームを楽しもう」という選択をすることが、セルフコントロールの成功といえるでしょう。

3－4．タスクを取り巻く状況

ここまで、タスクの締め切り、タスクの性質、タスクの選好が、タスクマネジメント、つまりタスクの取り組み順序にどのように影響するかをみてきました。これら3つの要因は、便宜上それぞれの節で説明していますが、互いに関連しています。私たちのタスクマネジメントに関する判断や決定は、これらの各要因が重なり合って行われているともいえます。

タスクへの取り組み順序を決める際に重要になる4つ目の要素が、状況要因です。たとえば、その決定が周りにどれくらいの影響を及ぼすかどうかです。タスクマネジメントについて解説するとき、最も優先するべき要因だと指摘されるのがこの状況要因です。タスクの締め切りがいつか（もちろん締め切りは重要ですが）、そのタスクが重要かどうか、好きか嫌いかよりも、周りの人にどれくらい迷惑をかけることになるのかを最も気にして取り組み順序を決めている人も、多いと思います。

社会に出て、ほかの人と一緒に仕事をする局面では、常にそのことが優先順位を左右するでしょう。そのタスクの完了を待つ人が周りにいることは大きなプレッシャーになります。また、自分だけに課されたものではなく、グループや集団で取り組むタスクもあります。とりかかるのが遅れたときに、その影響が自分だけではなく、同僚、取引先、上司などに及ぶリスクを考慮すると、そのタスクの優先順位は高くなるでしょう。

タスクを取り巻く状況要因には、こうした他者の存在に加え、過去の経験も含まれます。過去にこのような順序で取り組んだら成功した、あるいは失敗したといった経験も、タスクの処理や遂行に影響を与えます。

4．本書のねらい

タスクマネジメントは、働き方、家事、勉強の進め方など、あらゆる場面で必要とされます。ときには、タスクの処理や遂行が計画通りに進まず失敗してしまうこともあるでしょう。その失敗を生み出す原因の1つが、先延ばしです。

締め切りが迫っている仕事があるのに目の前のスマホに手を伸ばしてつい YouTube で動画を視聴してしまった、レポート作成に取り組もうと思っていたときに友達からの誘いを受けて遊びに行ってしまった……。いずれも、今はやるべきことに取り組んだ方がよい、先にやっておかないと後悔するかもしれない、とわかっていながらも、「動画を見たい」「遊びたい」といった誘惑に負けることで発生する先延ばしの例です。

一方で、近年、タスクをできるだけ早く処理しようとする前倒しにも注目が集まっています。「タイパ（タイムパフォーマンス）」という言葉が注目されていることからもわかるように、タスクの処理を短い時間で行うことで、パフォーマンスや満足度を高めようとする意識が高まってもいます。人は、コストや労力のかかる仕事よりもかからない仕事の方を好みますし、かかるコストを最小限に抑えようともします。タスクの処理にかかる時間を最小限にして高いパフォーマンスを得ようとするのは当然かもしれません。

２０２０年、学生に求められるセルフコントロールの力が、以前より高くなりました。コロナ禍の影響により、多くの授業がオンラインで実施されたからです。通常は授業中に行われる小テストなども、オンラインでの課題提出となりました。多くの授業がオンラインとなると、必然的にこなす課題の量は増えます。学生には、課題をそれぞれの締め切りに間に合わせるためのスケジュール管理が求められるようになり、なかには課題の多さと忙しさから、溜まっていく課題をどんどん先延ばしにしてしまう学生も出てきました。

1日に3〜4コマ分の授業の動画を視聴するとなると、タイパをあげるために1・5倍速や2倍速で視聴する人もいるでしょう。確かに倍速で聞いた方がそれだけその授業の視聴にかかる時間は短縮されます。当時は、明らかに早過ぎるタイミングで課題をこなしていく、つまり極端な前倒しをする学生も現れました。効率よくタスクを処理し、パフォーマンスを高めることが重要視されるなかで、前倒しという新たな概念が注目されつつあります。

タスクを早めにこなす前倒しは、素晴らしいことのように思えます。そして、先延ばしは撲滅すべき悪い習慣のように感じられます。しかし、冒頭でも述べたように、これはそう単純な話ではありません。先延ばしにも前倒しにも、長所と短所があります。本書では多くの研究や具体的な日常生活での事例を紹介しながら、これらの概念について考えていきます。

1章では、先延ばしとセルフコントロールの関わりについて考えていきます。

2章では、「先延ばしは本当に悪いのか」という問いに迫りながら、タスクマネジメントに影響を与えるさまざまな要因が、実際にどのように私たちのタスクマネジメントに影響を与えているのかを解説します。

3章では、先延ばしに比べると新しい概念である前倒しを紹介します。

4章では、前倒しとセルフコントロールの関わりについて解説します。

5章では、先延ばしと前倒しという2つの概念の関連をみていきます。くり返しになりますが、先延ばしと前倒しは必ずしも反対の意味をもつわけではありません。ここでは、2つの概念の共通点や相違点を知るために、それぞれの特徴のルーツを探っていきます。

そして終章では、先延ばしと前倒し、それぞれの長所と短所をまとめながら、両者のバランスを意識した効率的なタスクマネジメントのあり方について考えます。

読者の皆さんには、ご自身が「先延ばし派」か「前倒し派」かを考えながら、読み進めていただきたいと思います。そして、本書で示した知見を通じて、皆さんの日々のマルチタスクの処理が少しでも楽になるとすれば、筆者としてこれほどの喜びはありません。

1　Buehler, R., Griffin, D., & Ross, M. (1994). Exploring the "planning fallacy": Why people underestimate their task completion times. Journal of Personality and Social Psychology, 67 (3), 366-381. https ://doi.org/10.1037/0022-3514.67.3.366

2　Trope, Y., & Liberman, N. (2010). Construal-level theory of psychological distance. Psychological Review, 117 (2), 440-463. https://doi.org/10.1037/a0018963

3　スティーブン・R・コヴィー（著）、フランクリン・コヴィー・ジャパン株式会社（訳）（２０２０）．完訳　7つの習慣　30周年記念版、キングベアー出版．

4　Zhu, M., Yang, Y., & Hsee, C. K. (2018). The mere urgency effect. Journal of Consumer Research, 45 (3), 673-690.　https://doi.org/10.1093/jcr/ucy008

1章

先延ばしとセルフコントロール

「締め切りがもうすぐで、そろそろとりかからないとまずい。でも今は気分じゃないから、後でやろう」

こうした思考をくり返すうちに、気が付けば締め切りが明日に迫っていたり、締め切りを過ぎてしまっていたり——。皆さんにも、身に覚えがあるのではないでしょうか。心理学では、こうした行動の傾向を「先延ばし（procrastination）」と呼びます。先延ばしとは、「将来のネガティブな結果を予測しながらもタスクの遂行を後回しにすること」と定義されます。

先延ばしについては、古くから多くの研究が行われてきました。先延ばしが長らく注目されてきた理由はまさしく、やるべきことを遅らせたり、後回しにしたりする行動が、人間にとって身近であるからです。多くの人が自分事として、あるいは他者との関わりを通じて、経験したことがあるはずです。

冒頭のように、「いつかやろう」と頭で考えていながらも動き出しが遅くなったり、後回しにしてしまったり、グズグズして決断を先送りにしてしまうことは、だれしも経験があるかと思います。実際に、大学生の約半数が先延ばしを経験し、成人の約20%が慢性的に先延ばしをしているといわれています[1,2]。

本章ではまず、先延ばしがなぜ生じるのかを考えてみたいと思います。そして、先延ばしのメカニズム、どのような人が先延ばしをしやすいのか、先延ばしがどのような問題をもたらすのか、さらに先延ばしへの対策について話を進めていきます。

1．私たちはなぜ先延ばしをしてしまうのか

ここで、皆さん自身が先延ばしをしたときのことを思い出し、その理由を考えてみてください。「めんどうな仕事だったから」「ほかにもやることがあって忙しかったから」など、さまざまな理由があげられると思います。これらは、タスクの性質や特徴、そのときの状況や都合などといった、いわば外部の原因です。

一方で、自分の性格といった内部の原因を考えることもできます。１９８４年に、バーモント大学のソロモンらは、大学生への調査をもとに、先延ばしの実態とその理由を明らかにしています[1]。ソロモンらは、レポートの執筆、テスト勉強、読書課題など、いずれも成績に影響を与える重要な課題であるにもかかわらず、それらを先延ばす学生が決して少なくないこと、さらに、こうした先延ばしを学生自身があまり大きな問題と捉えていないこと、先延ばしを改善しようと考える学生の割合が低いことを指摘しています。

そして、こうした先延ばしをする理由の大部分を「失敗への恐れ」と「課題の回避」の2つが占めていることを示しました。

失敗への恐れには、課題に対する自信のなさや、課題を完璧にこなさなくてはならないといった非合理的な認知が含まれます。また、それによるネガティブな感情としての抑うつ、課題を回避することによる行動の遅れなども、先延ばしの原因に含まれるとしています。

勉強をしなければと思っていても、ついそれ以外のことに注意が向き、グズグズしているうちに結果的に勉強を先延ばしてしまう。これらの先延ばしは、時間管理のスキルや学習習慣の問題だけではなく、認知面、感情面、行動面のさまざまなパーソナリティ要因によって生じるとも考えられるのです。

タスクへの動機づけも先延ばしの原因の1つです。カナダのマギル大学のセネカルらによれば、学業に関する課題に対して内発的な意欲をもつ学生は、そうでない学生、つまり外発的な意欲をもっているか、もしくは意欲の低い学生よりも、先延ばしをしにくい傾向があるようです。[3]

こうしてみると、先延ばしの原因が自らの内部にあるという考え方、つまり自分の性格やタスクへの選好、動機づけなどが先延ばしの原因になっているという考え方には、一定の説得力がありそうです。

その後、先延ばしに関連するパーソナリティをより詳細に分析していくうちに、先延ばしのキーとなる概念の1つである「セルフコントロール」があげられるようになりました。

2．先延ばしとセルフコントロール

2－1．セルフコントロールとは

ベルギーにあるルーヴェン・カトリック大学のデヴィッテらの研究グループは、先延ばしをする人の特徴を明らかにするうえで、パーソナリティとしての衝動性に着目をした研究を行っています。

彼らの研究を紹介する前に、衝動性という言葉について説明をしましょう。衝動性というと、ついカッとなってしまうことや、衝動買いなどがイメージできると思います。また、衝動的な人といわれれば、理性を失って自分の感情の赴くままに行動してしまう人がイメージできるでしょう。この衝動性と関係が深いのがセルフコントロールです。

セルフコントロールとは、目標やゴールを追求するため、それらの目標を妨げる欲求や誘惑、衝動を抑制したり我慢したりすることを指します。要するに、自らの感情や行動をコントロールすることです。

たとえば、ダイエットをしているときに、目の前に大好物のケーキがあったとしましょう。ダイエット中でなければ、迷いなくそのケーキを食べるかもしれません。しかし、「今食べてしまったらこれまでの頑張りが無駄になる」と思うことができれば、食べたい気持ちをグッと抑えてそのケーキを諦めるでしょう。

この場合の目標は、ダイエットの成功です。そして、その目標を妨げるのが、目の前にあるケーキを食べたいという欲求です。つまり、ダイエットの成功に向けて、ケーキを食べたいという欲求を抑制し我慢することが、この場面でのセルフコントロールといえます。

もしこのとき、目の前のケーキに惑わされず、ダイエットの成功に向けて気持ちを切り替えることができれば、それはセルフコントロールに成功したといえます。一方で、誘惑に負けてケーキを食べてしまえば、ダイエットの成功というゴールが一歩遠ざかる、セルフコントロールの失敗となります。

また、職場で業務がうまくいかないとき、イライラして怒鳴りたくなるような場面を想像してみてください。「そんなことをしたら信用をなくすし、空気が悪くなって状況がさらに悪化する」と考えることができれば、感情の赴くままに怒鳴り散らすことはないはずです。

代わりにその場をうまく乗り切るための建設的な対話や議論を心がけるでしょう。この場面でのセルフコントロールは、他者との関係性の維持や業務の円滑な遂行に向けて、カッとなる気持ちを抑えながら、冷静に建設的な議論へと自らの言動を転換していくことです。

このようにセルフコントロールは、私たちの日常生活のさまざまな場面でみられます。ダイエットや禁煙なども、健康の維持・管理といった目標に向けたセルフコントロールといえます。私も、「今日から通勤ではすべて階段を使う！　間食禁止！」と決意したのに、ついエスカレーターに向かっていたり、高カロリー食品に手を伸ばしたりするときにはいつも、「セルフコントロールの失敗」というフレーズが頭をよぎります。

また、職場や社会生活における人間関係においても、私たちは日々セルフコントロールをしています。意見が対立したり、気が合わなかったりする人がいても、一緒に働くうえで、そうした人との話し合いや対話が必要になることもあるでしょう。そのような場面で感情的に振る舞って不適切な言動をとったり、我慢できずに攻撃的な態度をとったりすることは、セルフコントロールの失敗です。

一方で、その場で自らの感情をうまくコントロールして話し合いを乗り切ることができたとしても、そのときに溜め込んだ感情や我慢したことの憂さ晴らしに、健康のために控えていたお酒やタバコに手を伸ばしてしまうことがあれば、今度は別の目標に向けたセルフコントロールには失敗したことになってしまいます。

2-2. セルフコントロールの成功と失敗

セルフコントロールは、心身ともに健康的かつ適応的な社会生活を維持していくために必要不可欠なものです。ですが実際、目標の達成に向けて常に我慢を強いるのは現実的ではありません。そもそも人間は、自分を完璧にコントロールすることはできないのです。勉強でたとえると、得意な科目があれば苦手な科目もあるのが一般的で、すべての科目を同じように完璧にこなす人はほとんどいません。同様に、すべての場面で完璧に自らをコントロールすることは不可能に近いといえます。

私自身も、ある場面でセルフコントロールを発揮したことを理由に、「この前は我慢したから、今日は食べたいものを食べちゃおう!」という気持ちになることがあります。この場合、「この前」はセルフコントロールに成功していますが、「今日」は失敗したことになります。このように、人はセルフコントロールの成功と失敗を日々くり返しています。むしろ、セルフコントロールに失敗はつきもの、と考える方がより実態に即しているかもしれません。

たとえば、「今日はダイエットを一時中断して食べたいものを食べる！」と決めたとしましょう。この行動だけをみれば、それはセルフコントロールに失敗している状態です。ですが、ダイエットの成功という目標に向けて、翌日からまた間食を控えたり、食事の量の調整を心がけたりといった切り替えがちゃんとできれば、その失敗は大きな問題にはならないでしょう。

あるいは、ダイエット中に友達から飲み会に誘われたとします。その誘いにのってお酒を楽しんでいる状態は、セルフコントロールの失敗といえます。しかし、お酒を飲んでしまった分、翌日からはいつもよりちょっときつめの制限をかけてダイエットを再開するならば、目標に向かって積極的にセルフコントロールをしている状態といえるので、飲み会に行ったというセルフコントロールの失敗は問題にはならないでしょう。

しかし、「今日1日だけ！」と制限なくカロリーの高い食事を楽しんだ日の翌日、もしくは友達との飲み会で久しぶりに美味しいものを食べたり飲んだりした日の翌日に、「もうあと1日だけ」「これが最後だから」と暴飲暴食をくり返していくと、どうでしょうか。セルフコントロールの失敗が蓄積されていくと、いつしかダイエットに成功するというゴールは、途中離脱や放棄という形になって遠のいていきます。

2-3. 先延ばしはセルフコントロールの失敗——衝動性の観点から

それでは、先延ばしをする人のパーソナリティについての議論に入っていきましょう。先に紹介したデヴィッテらが2002年に行った調査を紹介します。[4]

デヴィッテらは、大学で必修科目の講義を履修している学生を対象に、先延ばしの傾向や衝動性に関わるパーソナリティを調査し、それらの関連を分析しました。そして、衝動性のなかでも、忍耐力の欠如が先延ばしと強く関連していることを明らかにしました。

さらに、試験に向けて計画している勉強時間と、実際に勉強した時間を回答してもらいました。そして計画通りの勉強時間が達成できなかった場合は、その理由を、(ア)疲れていた、(イ)もっと楽しいイベントに時間を使った(友達、スポーツ、テレビ、サーフィンなど)、(ウ)急なアクシデント(来客、事故など)、(エ)学習計画を変更した(別のコースの学習をした)、(オ)その他、の5つから1つ以上を選んでもらうという追跡調査を行いました。それらのデータを分析していくうちに、次のことが明らかになりました。

まず、先延ばしをしている人は、自らが計画した勉強時間を達成できなかった理由に、楽しみな代替の選択肢があったという(イ)を選択する頻度が高いという結果が得られました。

しかし、そうした誘惑への弱さを自ら認識し、その弱点を補おうとするために、あらかじめ多くの勉強時間を計画していたのです。

誘惑や気が散ることをかわすのが苦手だからこそ、それを補うためにやる気に満ちた計画を立てる。こうした特徴をみていくと、先延ばしの主な原因には、勉強の計画がうまく立てられないというよりも、誘惑や衝動を制御するといったセルフコントロールの失敗があげられることがわかります。

学生のなかには、締め切りを過ぎて課題を提出する人も一定数います。教員としては、「この前は『絶対次は早めに提出する』『今日から勉強をはじめる』とやる気のある宣言をしていたのに……」と思うことがあります。しかし、「あんなにやる気があったのに、どうして先延ばしたの?」と問われることは、学生にとって気持ちのいいことではないでしょう。それは、「つい友達と遊ぶのを優先して……」などと、セルフコントロールの失敗を申告することと同じだからです。やる気のある計画を立てていたのは、先延ばさないためというよりも、むしろ自分が先延ばしをしてしまいそうなことがあらかじめわかっていたからなのかもしれません。

ここで、私の身近な例をあげてみましょう。私の夫は真面目な性格で、与えられた仕事に常に真摯に向き合うタイプです。大きな仕事を任されると、たとえ休日でも「今日一日、この仕事に没頭する！」と宣言するのですが、なぜか次の瞬間にはテレビにくぎ付けになり、そのままゆうに数時間はテレビを見ることに時間を費やしています。

「さっきの宣言は何だった？」とツッコむ私も、人のことはいえません。「今日はこの仕事を終わらせるぞ」と朝から意気込んだものの、パソコンを開くと関係のないネットサーフィンに時間を費やしてしまい、結局仕事がどんどん後回しになっていくのはよくあることです。いずれも、セルフコントロールの失敗です。

こうした反省をふまえて、「明日はこうならないように、もっと早く起きて仕事を終わらせよう」と夫婦で宣言し合いながら、セルフコントロールの成功と失敗をくり返す毎日です。

2－4．先延ばしはセルフコントロールの失敗――現在と将来の葛藤の観点から

前節であげたデヴィッテらの研究には、注意しておくべき点があります。これが、対象となった受講者１４７名に、最終試験まで毎週メールで送ったアンケートに回答してもらう形式のフォローアップ研究だったということです。

心理学の研究では、このように同じ対象者に間隔をあけて再度調査を依頼したり、継続し

た調査への回答を依頼したりするフォローアップ研究をよく行います。先延ばしの研究では、ある講義の受講者に半期の授業を通してアンケート調査が継続することもあります。

デヴィッテらの研究では、当初の参加者１４７名のうち、最後までアンケートの回答に協力してくれたのは21名でした。回答率の低下、そしてそれに関わるデータの偏りは、追跡調査につきものの課題です。この研究では、先延ばしをする人が多くの勉強時間を計画するという結果でしたが、そもそもアンケートに最後まで協力してくれた人が「やる気のある先延ばし者」であったという可能性があります。つまり、「真の先延ばし者」は早い段階で調査から離脱している可能性があるということです。

この節では、もう1つ別の観点から、先延ばしとセルフコントロールの関連をみていきたいと思います。その準備として、アメリカの心理学者、ミシェルらによって行われたセルフコントロールに関する有名な「マシュマロ実験」を紹介します（マシュマロの代わりにプレッツェルやクッキーが用いられることもあります）[5]。

これは、3歳から5歳の保育園児を対象に行われた実験です。参加者は、机の上に置かれた小さなマシュマロを目の前にした状態で、実験者から次のような指示を受けます。

《このマシュマロは私がいない間に食べてもよいです。でも、私が戻るまでの間（だいたい

15分程度)、このマシュマロを食べるのを我慢したら、後でもっと大きいマシュマロをもらえます。もし私が戻ってくるまでにマシュマロを食べてしまったら、大きいマシュマロはもらえません》

つまり、誘惑に負けて目の前のマシュマロを食べるか、15分ほど誘惑に耐えて後でたくさんマシュマロを食べるか、まさにセルフコントロールの実践が必要な場面になるわけです。

実験者が退室すると、子どもたちとマシュマロとの睨《にら》めっこがはじまります。実験者が戻ってくるまで待つ、つまり目の前のマシュマロを食べるのを我慢し、たくさんのご褒美を手に入れることができれば、セルフコントロールに成功、実験者を待たずに目の前のすぐ手に入るマシュマロを食べてしまうと、セルフコントロールに失敗したことになります。

セルフコントロールの成否には、目の前の誘惑に抗うことができるかという点に加え、今すぐ手に入る小さな報酬を選ぶか、しばらく時間が経《た》った後から手に入る大きな報酬を選ぶかという、現在と将来の時間選好が関わっています。時間選好とは、今すぐ手に入る報酬ほど価値を高く捉え、時間が経つほどその報酬の価値を割り引いていくことを指します。

将来得られる報酬よりも、今すぐもらえる報酬を優先してしまう人は、せっかちで、時間選好率の高い人といえます。一方で、現在よりも将来のことを優先できる人は、我慢強く、時間選好率の低い人といえます。そうした人は、たとえば現在の娯楽のための消費よりも老後のための貯蓄を意識したり、目の前のケーキを食べる喜びよりも1ヶ月後のダイエット成功の喜びを優先できたりする人で、セルフコントロールに成功しやすいでしょう。反対に、将来の喜びの価値を割り引いて、現在の消費や目の前の快楽への価値を優先するのは、セルフコントロールの失敗となります。

マシュマロ実験では、現在の小さなマシュマロの価値と、後から得られる大きなマシュマロの価値との間で葛藤した結果、後者を優先すればセルフコントロールの成功、前者を優先してしまえばセルフコントロールの失敗となります。こうした現在と将来の間の葛藤状況でいずれを選択するかが、セルフコントロールの成否を決めることになるのです。

前節の話に時間選好の観点を付け加えると、セルフコントロールとは目の前にある欲求や誘惑を我慢し、後のことを考えて判断・行動することになります。そもそも先延ばしとは、「将来のネガティブな結果を予測しながらもタスクの遂行を後回しにすること」と定義されます。後悔する、とわかっていながらも、つい目の前の楽しみを優先してしまうのです。

これに対処するためには、誘惑に耐えるだけではなく、今楽をして後で辛《つら》い思いをするか、今は頑張って後で楽をするかといった葛藤を乗り越えていく必要があります。こうした短期

図表1-1　先延ばししやすい人の特徴

心理プロセス	パーソナリティ
● 自信の低さ（認知面）： 「うまくできないかも……」 ● 不安、抑うつ（感情面）： 「失敗したらどうしよう」 「やる気が出ない」 ● 課題からの回避（行動面）： 「まだやらなくてもいいや」	● 完璧主義： 「絶対にいいものにしなくては！」 ● 衝動性： 「誘惑には弱いんだよなぁ」 ● 現在志向： 「明日のことより、今日の楽しさ！」

筆者作成

から長期へ視点を移すというコントロールに失敗することで、先延ばしが生じるともいえます。

前節で紹介したデヴィッテらの研究では、先延ばしをしている人は、誘惑をかわすのが苦手、それを補うためにやる気に満ちた計画を立てるという特徴をもつことが明らかになりました。これに加えて、なかなか勉強をはじめることができず、将来のことに視点を移すのが苦手であるという点も、先延ばし者の特徴の１つといえます。

3．先延ばしを防ぐために

3－1．先延ばしがもたらす問題

ここまで、先延ばしとセルフコントロール

の関連についてみてきました。先延ばしと聞くと、怠惰でやる気のないといった印象をもたれがちです。しかし、セルフコントロールの成功と失敗がくり返されていくのと同じように、先延ばしをしたりしなかったりをくり返しながら、私たちは日々めまぐるしい数のタスクを処理しています。

学業での先延ばしを取り上げた研究では、先延ばしの傾向の高さと学校の成績の低さとの間には関連があることが示されてきました。[6] とりわけ、オンライン授業などの自らのペースで取り組む必要がある学習形式の場合では、より高いセルフコントロールが必要とされます。また、子どものときに夏休みの宿題を後回しにしていた人ほど、社会人になったときの深夜残業時間が長いことを示した調査結果もあります。[7]

では、仕事の後回しを防ぐための仕組みにはどのようなものがあるでしょうか。よくあげられる仕組みの1つは、自らの行動に制限をかけることです。具体的には、別のことに気を取られて仕事を後回しにしそうになったときに、独自のペナルティを設けるのです。

たとえば、サボって YouTube 動画を閲覧した場合、それ以降はアプリが起動しなくなるか、視聴時間に制限がかかるようにしておく、などです。また、そもそも誘惑するものを目の前に置かないというのも1つの手です。先延ばしのきっかけになりそうなスマホやタブレットは別の部屋に置いておく、などですね。いわば、自分の行動を制限するための環境整備といえます。

ほかにも、ＴｏＤｏリストを用いて優先順位を決めることや、スケジュール帳で時間管理することも、社会人としてさまざまな仕事をこなすうえで自然と身につける手法かもしれません。たとえば、スマホにタスクを登録して締め切りの何日か前にリマインドメールが届くように設定するなどの手法は、タスクへの切迫感や危機感を強めて再認識させたり、「ついうっかり」タスクを忘れたりしないために有効です。

また、タスクの締め切りのことを常に頭のなかに入れておくことは想像以上にめんどうです。そうした手間を省くために、私たちは外部のリマインダ機能を活用しながら、効率よくタスクを処理しているともいわれています。[8]

しかし、こうした対策の効果は限定的でもあります。たとえば、YouTubeを見てしまったときのペナルティとして、閲覧制限がかかった場合を例に考えてみましょう。そのことでうまく先延ばしが回避できればよいのですが、実際にはその制限を解除する方法や、別の端末からの接続方法を知っているなどで、環境を整えた意味がなくなるケースもあります。

誘惑そのものを目の前に置かないようにしたとしても、物理的に消去できないこともあります。たとえば、パソコンで仕事をしているとき、別のタブを開けばいつでもネットサーフィンの誘惑がありますし、アンインストールしたゲームアプリを再ダウンロードしてしまう、なんてこともあります。その場合、こうした「セルフコントロールの失敗」への対策も必要になります。

3-2. できるタスクを具体化

先延ばしの研究をしていると話すと、多くの方から「先延ばしをしないようにするにはどうすればいいですか?」という質問をいただきます。ここまでの話をふまえると、「セルフコントロールに成功するにはどうすればよいですか?」という質問と答えが重なるかもしれません。

ここからは、セルフコントロールの失敗によって生じる先延ばしに対して、どのような対策があげられるかを考えていきます。ポイントとなるのは、「具体化と抽象化」です。少し難しい表現に聞こえるかもしれませんが、例をあげながらみていきましょう。

私たちは、同じ事柄についての表現や解釈を、具体的にすることもあれば、抽象的にすることもあります。たとえば、「地域のボランティア活動に参加する」という文章を具体化するならば、「地域の清掃活動でゴミ拾いをする」などとなるでしょうし、抽象化するならば、「地域に貢献する」などとなるでしょう。あるいは、「〇〇についてのレポートを書く」の場合、具体的に言い換えると「ｗｏｒｄファイルに文字を入力する」、抽象的に言い換えれば「〇〇について学ぶ」ということになるでしょう。

物事を具体化することで、何を、いつ、どこで、どのように、といった詳細な情報が明確になり、実際の手順などをイメージしやすくなります。難しい課題を解決するために、まず手続きを具体化したり例示したりしながら、計画を立てていくことは、社会生活を送るなかでたびたび経験することかと思います。

ドイツのコンスタンツ大学のマクリアらの研究グループは、この考えを用いて、具体的な解釈を促すことによって先延ばしを防ぐことができないかと考え、ある実験を行いました。[9]

参加者は、具体的解釈をするグループ、抽象的解釈をするグループにランダムに割り振られます。それぞれのグループは、配布された文章への回答をメールで3週間以内に返信するよう指示されます。具体的解釈グループでは、10の活動を示す文章（日記を書く、など）に対し、それを具体的にどのように進めるかを書くよう求められます。

一方の抽象的解釈グループでは、同様の10の文章に対し、その活動にはどのような意味があるのかを列記するよう求められます。

その結果、具体的解釈をしたグループの方が、抽象的解釈をしたグループよりも、質問への回答を早く済ませていた、つまり先延ばしを防止できていたことが明らかになったのです。

タスクを具体的な言葉で表し、どのように取り組めばよいのか、どのようなことが必要なのか、これをすることによってどのようなことが起きるのか……と、できるだけ具体化していくことで、目の前にあるタスクに早めに着手し、完了できるといえます。

たとえば、「資格を取得する」という目標があったとします。そのためのタスクを「資格取得のために勉強する」と表現するだけだと、やや抽象的でぼんやりとしているため、何から手をつけていいのかわからず、右往左往することでしょう。

そうならないための手立てとして、まずは資格をとるための試験はいつ実施されるのか、試験会場はどこかといった下調べを行い、検討すべき項目をピックアップします。どの参考書が必要か、参考書はどこで手に入るか、どの内容から理解していこうか……とやるべきことを具体化していくのです。

さらに、その資格を取得した後のことも具体的にイメージしてみます。この資格をとったら、あんなことやこんなことに活用できる、合格したことをあの人に伝えたい、などのように、目標が達成された後の自分の姿や、次に何をしたいか、何を得られるかを具体的にイメージするのです。

期末レポート提出というタスクであれば、まずはどの科目をいつまでにやるのかを具体的に決めます。そして、そのためには先にこの授業のレポートを完成させないといけない、そのためには本を読まないといけない、そのためには図書館に行って読みたい本を検索しないといけない……というように、手順を細かくしていきます。そうすることによって、レポートが完成した後の楽しみなことへのイメージも膨らみます。

3-3. 嫌いなタスクを抽象化

このように、タスクの具体化は先延ばしを防ぐために有効な手段ですが、注意すべき点があります。具体化することで、あれもこれもと細かいところにまで意識がいってしまい、それがタスク完了への不安材料となるケースです。

特にやりたくない気持ちが強いタスクについては、具体化するのではなく、逆に抽象的に解釈する方が効果的な場合もあります。

抽象化の例としては、目の前の溜まった仕事や宿題をどう処理していくべきかを考える際に、そもそも、そのタスクにはどのような意味があるのか、自分はなぜそのタスクに取り組まなければならないのかを自問自答する方法があります。タスクの意味や理由を考えることで、達成すべき目標を意識することができます。そしてそれは、そのタスクを完了させることの価値を高めます。

たとえば、「問題集を解く」というタスクがあったとします。今はやりたくないなぁと思っていますが、その問題集を解くことの当初の目的が、「資格を取得する」であったとしましょう。ではなぜ資格を取得しようと思ったかを考えてみます。転職や就職に有利だから、自分の得意な分野をこれからもっと伸ばしたいから、などとその理由を考えていくうちに、目の前にある問題集から、遠い将来のことにまで気持ちをシフトさせることができます。

「レポートを作成する」というタスクについても、同様に自問自答してみましょう。なぜレポートを作成しなくてはならないのか、その授業の単位を取得するため、ではなぜ単位を取得しようとしているのか、大学を卒業するため、ではなぜ大学を卒業しようと思うのか、希望の会社に就職するため……といったように、質問ごとに1つ遠い将来をイメージして回答することで、目の前にあるタスクの価値を適切に評価できるようになります。これは、現在から将来に視点を移すという点で、セルフコントロールの成功にもつながる考えです。

このように、セルフコントロールを成功させるには、具体化と抽象化の2つを場面によって使い分ける必要があるようです。では、何をもって具体化と抽象化を使い分ければよいのでしょうか。その答えの1つが、タスクへの選好です。

具体化することが先延ばしを防ぐ効果をもつためには、少なくとも「そのタスクが嫌いでない」ことが前提になります。苦手なタスクを具体化していくことで、それが失敗への恐れや課題からの回避につながってはいけません。このタスクは自分にとってどうしても苦手だ、だからやりたくないという場合には、自問自答しながら抽象化していくことが、先延ばしを防ぐ方法の1つといえます。

4．セルフコントロール喪失の予防

さて、先延ばしを考えるうえでのキー概念であるセルフコントロールについて、もう少しみていきましょう。セルフコントロールに失敗はつきものですが、その失敗が極端な場合、たとえば嗜癖《しへき》行動にのめり込んでコントロールができない状態になってしまうと、ときとして先延ばしだけにとどまらない深刻な問題に発展してしまいます。

2024年3月に報道された「ドジャース、大谷翔平選手の通訳・水原一平氏を解雇」とのニュースに耳を疑った方も多いのではないでしょうか。その後、水原氏と違法賭博との関連が報じられ、「ギャンブル依存症」という言葉が世間に広がりました。ギャンブルにのめり込み、自らをコントロールできなくなっている状態を指す言葉です。

最初は気晴らし程度ではじめたとしても、勝ちや報酬を得ることを経験していくうちに、次第に物足りなくなっていきます。もっと多くの報酬を得ようとする欲求や衝動に駆られるうちに、「やめたくてもやめられない」状態になります。

この状態に陥ると、自分で「もうやめよう」と心に決めても、「もしかしたら次は勝てるかも」「あと1回だけ」という欲求をコントロールできなくなります。場合によっては、生活が破たんする事態にまで問題は発展していきます。水原氏の例は、この例の最たるものといえるでしょう。

近年、嗜癖行動として社会問題化しているのが、ゲーム依存です。コントロールの失敗が慢性化し、結果としてゲーム依存になることで、「今日こそはゲームを我慢して溜まった仕事をこなそう」と心に決めても、ゲームのことが気になって注意が散漫になり、タスクを先延ばしてしまいます。さらに、睡眠や食事までも先延ばしして、ゲームに熱中するという不規則な生活を続ければ、精神面だけでなく身体面での健康にも影響が及ぶでしょう。

学生であれば、日々の宿題が疎《おろそ》かになり、勉強についていけなくなります。成績が低下し、進級や進学に関わる問題にもつながります。それによって家族や友人との関係も悪化し、不登校やひきこもりになる可能性もあります。自分では歯止めをかけられないまま、社会生活や日常生活をむしばんでいく恐ろしさがあるのです。

こうした問題への対策は、ゲーム依存などの事態に陥ることを未然に防止する1次予防、先延ばしの兆候に気付いて早期に対処していく2次予防、問題への介入・治療といった3次予防の3つに分類して考えることができます。ゲーム依存を例として、3つの予防段階をみていきましょう。

4-1. 1次予防

この段階で必要となる対策は、コントロールの失敗が慢性化するリスクや要因を明確にしておくことです。

たとえば、仕事を先延ばす原因の1つに、「その仕事をきちんと完成させることができないかもしれない」「失敗するかもしれない」といった失敗への恐れがあげられます。これは、仕事に対する自信の低さの表れともいえるでしょう。人が、仕事場や学校などの環境に適応していくためには、その場に自らの課題や目的が存在していること、その場で受容されていると感じられることが必要です。

　ところが、自らの課題や目的をみつけることに難しさを感じると、どうでしょう。たとえば、オンラインゲームに没頭している時間はそうした失敗への恐れを感じることなく、ゲームを楽しむという目的も明瞭になります。また、交友関係の満足度が低かったり、孤独を感じていたりなど、受容感を得ることが難しいと、仕事場や学校などの限られた空間で仲間と過ごしたり一緒に仕事や勉強をしたりといったことのメリットがどんどん小さくなっていきます。

　一方で、オンラインゲームをしている最中は、オンライン上の仲間と協力することができ、受容感を得ることができます。これだと、オンラインゲームをすることのメリットがどんどん大きくなっていき、仕事や学校に行く価値やメリットは小さくなっていきます。

　もちろん、オンライン上のコミュニケーションを通して得られる受容感も大事にしなくてはなりませんし、仕事場や学校での受容感の獲得は、必ずしも人が幸せになるための必須の条件ではありません。しかし、人が社会に属する以上、それぞれの環境に適応していくために自らの課題や目的が求められることもあるでしょう。

このように、先延ばしが生じる原因として、対人関係面、生活面、学業面など複雑に絡み合う要因の1つひとつに目を向けながら、それらを意識しておくことが大切です。

4-2. 2次予防

1次予防としてリスクを把握しながらも、徐々に依存対象に熱中してしまった場合、タスクの先延ばしの兆候がみられます。この段階では、自らの行動を俯瞰的に捉えてみることが大切です。

たとえば、ゲームをする時間がだんだん長くなり、最近仕事や宿題を後回しにすることが増えてきた、と感じたとします。このままゲームを続けていくと、仕事が遅れたり授業についていけなくなったりするかもしれない、と焦りや不安を感じることで、心にブレーキをかけられる場合もあります。

しかし一方で、そうした焦りや不安を感じることによって、「自分はダメなんだ」「うまくできない」と、自らの能力や性格に問題があると捉えた場合、その不安を解消するためにさらにゲームに走る、という悪循環につながってしまいます。それによって、仕事のパフォーマンスや学校の成績が低下し、それをふり返ることで、さらに焦りを感じ……という悪循環に陥るかもしれません。

自らの行動を俯瞰的に捉える際には、その行動、つまり先延ばしの兆候に対し、原因を内部と外部の双方から探っていくことが大切です。タスクに対する自信の低さや、ゲームに気をとられるという意志の弱さなど、自らの内部にだけ原因があると考えてしまうと、悪循環にはまりやすくなります。

そうではなく、たとえば、与えられたタスクが個人のキャパシティを超えるものではなかったか、ほかのタスクとの折り合いをつけづらくはなかったか、その背景には交友関係が影響を与えていなかったか、周囲からプレッシャーを感じることはなかったのかなど、外部の要因も視野に入れてふり返ってみるのです。

先延ばしの兆候に早期に気付けたときには、「自分がそのタスクを実行できない」だけではなく、「そもそもそのタスクの実行が自分にとって適切であったのか」を考えてみることをおすすめします。それが、先延ばしの解決方法を考える糸口を増やすことにつながります。

4-3．3次予防

問題への対策の1つに、認知行動療法による介入があります。認知行動療法とは、その行動に対する非合理的な認知・思考に働きかけることで問題の改善を図ろうとするアプローチのことです。先延ばしやギャンブル依存症などへのサポートや介入にも用いられる方法です。

まずは、専門家との対話のなかで、先延ばしに対する認知や思考のパターン、歪《ゆが》みに気付くことからはじめます。たとえば、仕事や宿題を優先するかゲームを優先するかの葛藤状況を例にすると、「ちょっとくらいゲームをしたからといって、大きな問題にはならない」「仕事にとりかかっても、どうせ完璧には仕上げられない」「宿題は完璧にこなさなければならない」などがあげられます。

次に、その考え方が本当に正しいか、別の考え方はないかを検証していきます。そして、非合理的な認知や信念を修正し、より柔軟で多面的な解釈を促すのです。たとえば、「ちょっとくらいのつもりでも、ゲームをやりはじめるとやめられなくなってしまう」ことをふまえて、ゲームを控える行動を促したり、「その仕事（宿題）は必ずしも完璧にこなさなければならないわけではない」という認知に修正し、「理解の甘いところをみつけることもこのタスクの大切な役割」などと多面的な解釈を試みることで、仕事や宿題への行動を促していくのです。

ゲームやギャンブルにのめり込んでコントロールができなくなったときの気持ちに目を向

け、そのときの感情の歪みに自ら気付き、それらを修正していく。この対策で最も重要なのは、自分自身による気付きということになるでしょう。

1 Solomon, L. J., & Rothblum, E. D. (1984). Academic procrastination: Frequency and cognitive-behavioral correlates. Journal of Counseling Psychology, 31 (4), 503-509. https://doi.org/10.1037/0022-0167.31.4.503

2 Harriott, J., & Ferrari, J. R. (1996). Prevalence of procrastination among samples of adults. Psychological Reports, 78 (2), 611-616. https://doi.org/10.2466/pr0.1996.78.2.611

3 Senécal, C., Koestner, R., & Vallerand, R. J. (1995). Self-regulation and academic procrastination. The Journal of Social Psychology, 135 (5), 607-619. https://doi.org/10.1080/00224545.1995.9712234

4 Dewitte, S., & Schouwenburg, H. C. (2002). Procrastination, temptations, and incentives: The struggle between the present and the future in procrastinators and the punctual. European Journal of Personality, 16 (6), 469-489. https://doi.org/10.1002/per.461

5 Mischel, W., & Ebbesen, E. B. (1970). Attention in delay of gratification. Journal of Personality and Social Psychology, 16 (2), 329-337. https://doi.org/10.1037/h0029815

6 Klassen, R. M., Krawchuk, L. L., & Rajani, S. (2008). Academic procrastination of undergraduates: Low self-efficacy to self-regulate predicts higher levels of procrastination. Contemporary Educational Psychology, 33 (4), 915-931. https://doi.org/10.1016/j.cedpsych.2007.07.001

7 黒川 博文・佐々木 周作・大竹 文雄（２０１７）．長時間労働者の特性と働き方改革の効果、行動経済学、10、50–66．https://doi.org/10.11167/jbef.10.50

8 Engeler, N.C., & Gilbert, S. J. (2020). The effect of metacognitive training on confidence and strategic reminder setting. PLOS ONE, 15 (10), e0240858. https://doi.org/10.1371/journal.pone.0240858

9 McCrea, S. M., Liberman, N., Trope, Y., & Sherman, S. J. (2008). Construal level and procrastination. Psychological Science, 19 (12), 1308-1314. https://doi.org/10.1111/j.1467-9280.2008.02240.x

コラム①――先延ばしとADHD

2022年の文部科学省の調査では、通常の学級に在籍する小中学生の8・8%に学習や行動に困難のある発達障害の可能性があると発表されました。[1] 発達障害とは、ADHD（注意欠如・多動症）、ASD（自閉スペクトラム症）、LD（学習障害）などの総称で、いずれも生まれつきの脳の特性です。

なかでも不注意や多動性、衝動性を特徴とするADHDは、生得的に「先延ばし」をしやすい傾向があります。ADHDの人は、前頭前野の働きによる反応抑制（状況に応じて自らの行動を抑制すること）が困難であること、ドーパミンなどの神経伝達物質の分泌量をうまく調節できないことなどが明らかにされています。[2]

これらの特徴は、感情や行動の制御不全、衝動性など、いずれも先延ばしのリスク要因となります。また、衝動のコントロールが苦手なので、たとえばゲームに興味をもつとすぐに熱中してのめり込んだり、反対に興味のないことには注意が向かず、やらなければならないことを先延ばししやすくなったりします。それゆえ、どのタスクをどのような順序で処理していくかといったタスクマネジメントや時間管理、計画を立てることが難しいのです。

ＡＤＨＤの悩ましい先延ばしを一瞬で改善できる魔法のようなメソッドや万能薬は、残念ながらありません。とはいえ、先延ばしの改善に向けて、示唆に富む実践的な研究は着実に蓄積されています。そしてこれらの研究は、ＡＤＨＤでなくても先延ばしをしやすい傾向のある多くの人にも有用です。

たとえば、ドイツの心理学者、ガウリローらの研究グループは、ＡＤＨＤと診断された子どもへの効果的な計画立てに関する実験を行っています。そのなかの２つの研究をみてみましょう。[3,4]

彼女らの取り入れた計画立ては、ドイツの心理学者、ゴルヴィッツァーが提唱した「実行意図」と呼ばれるもので、「if-then 形式」ともいわれます。[5] これは、「もし（if）Ｘという状況に遭遇したら、そのときは（then）Ｙという行動を実践する」という形式を指します。

ポイントとなるのは、Ｘという条件とそれに対する行動Ｙを結び付ける点です。宿題を後回しにしそうになったとき、「この映画を見終わったら（if）、今日の宿題に1時間集中する（then）」、ジム通いをしているとき、「もしジムに行く途中にケーキ屋さんの前を通りそうになったら（if）、１つ前の信号を渡って、違うルートでそのジムに向かう（then）」などです。

大事なのは、ただ単に「今日の宿題に集中する」「頑張ってジムに通う」といった目標ではなく、ある特定の状況でどのような行動をとるかを具体的に決めておく、そして「if-then」のつながりを意識することで目標を達成しようとする点です。これによって、目標を妨害する誘惑や不要な思考、感情をシャットアウトできたり、計画をスムーズに実行に移したりすることができます。

1つ目の研究では、ADHDと診断された子どもが望ましくない反応を抑制するうえで、実行意図が有用であることが明らかになりました。実験では、パソコンの画面上に動物（鳥、ねこ、ねずみ、牛、ぶた）と乗り物（飛行機、車、トラック、船、電車）の2種類の絵がランダムに1つずつ表示されます。この絵を順番に見ながら、表示された絵が動物と乗り物のどちらに分類できるかを、左と右にあるキーを押すことで回答するよう求められます。ただし、途中で画面から音が鳴った場合は、反応を抑制する、つまりキーを押さないように指示されます。この場合、画面から鳴る音が、反応の抑制を知らせるストップシグナルになります。

参加者のうち、目標条件の参加者は、「音が鳴った絵のキーを押さない」ことを目標とし、実行意図条件では、それに加えて「もし音が聞こえたら、キーを押さない」というif-then形式での計画立てを行いました。結果は、実行意図条件の子どもの方が、目標条件の子どもよりも的確に反応を抑制できていた、というものでした。

2つ目は、ADHDの子どもにとって、今すぐにもらえる小さな報酬よりも、後からもらえる大きな報酬を選択するうえで、実行意図が極めて有用であることを示した研究です。状況は1章で紹介したマシュマロ実験と似ています。赤い絵をクリックしてすぐに1ポイントを受け取るか、もしくはしばらく待ってから青い絵をクリックして3ポイントを受け取るかを選択する実験です。

参加者はそれぞれ、単なる指示条件（赤い絵は1ポイント、青い絵は3ポイントです）、目標条件（なるべく多くのポイントを獲得します）、実行意図条件（もし赤い絵が表れたら、青い絵を待ちます）に割り振られています。結果は、実行意図条件の参加者が、ほかの2つの条件の参加者よりも多くのポイントを獲得していました。

if-then形式を取り入れるのは、比較的簡単な作業で、日常生活で必要とされるセルフコントロールを発揮するうえでも効果的といえます。さらに、目標をどのように実現させるのかを具体的にイメージできます。そのため、ADHDなど行動の制御に慢性的な困難をかかえる人だけでなく、広く一般においても有効であるといえます。

1 文部科学省「通常の学級に在籍する特別な教育的支援を必要とする児童生徒に関する調査結果（令和４年）について」（令和４年12月13日）

2 Solanto, M. V., Abikoff, H., Sonuga-Barke, E., Schachar, R., Logan, G. D., Wigal, T., Hechtman, L., Hinshaw, S., & Turkel, E. (2001). The ecological validity of delay aversion and response inhibition as measures of impulsivity in AD/HD: A supplement to the NIMH multimodal treatment study of AD/HD. Journal of Abnormal Child Psychology, 29, 215-228. https://doi.org/10.1023/A:1010329714819

3 Gawrilow, C., & Gollwitzer, P. M. (2008). Implementation intentions facilitate response inhibition in children with ADHD. Cognitive Therapy and Research, 32, 261-280. https://doi.org/10.1007/s10608-007-9150-1

4 Gawrilow, C., Gollwitzer, P. M., & Oettingen, G. (2011). If-then plans benefit delay of gratification performance in children with and without ADHD. Cognitive Therapy and Research, 35, 442-455. https://doi.org/10.1007/s10608-010-9309-z

5 Gollwitzer, P. M. (1999). Implementation intentions: Strong effects of simple plans. American Psychologist, 54 (7), 493-507. https://doi.org/10.1037/0003-066X.54.7.493

2章

先延ばしは本当に悪いのか？

1. 悪名高き先延ばし

私たちは先延ばしという問題をうまく回避できたりできなかったりしながら、日々のタスク処理に奮闘しています。先延ばしをしてしまう自分に対してイライラしたりがっかりしたりをくり返している人もいるでしょう。

しかし、先延ばしにつきまといがちなネガティブなイメージは、常に正しいとは限りません。2005年、コロンビア大学のチャンらは、すべての先延ばしが悪いものではないということに着目した研究を発表しました。[1] 先延ばしにはポジティブな意味をもつものも含まれていることを、彼らは指摘したのです。

チャンらは、従来の先延ばしに加えて、先延ばしには「積極的な先延ばし」が存在することを指摘しています。いわゆる「あえての先延ばし」です。

ちなみに、私の夫はよく、このフレーズを使います。私から「まだ○○をやってないの?」といわれたときには、「いいや、違う。『あえて先延ばし』てるの」となぜか自信満々な顔で返します。このときに少しモヤッとするのは、私がどこかで先延ばしを「悪いこと」だと決めつけているからかもしれません。

チャンらの研究では、「積極的な先延ばし」をする人は、先延ばしてはいるものの、彼らの自信の高さや抑うつ、学校の成績などが、先延ばしをしていない人とほぼ同程度であることが示されています。

1章でみてきた先延ばしをしやすい人の特徴には、課題に対する自信が低かったり、課題へのプレッシャーを感じやすかったり、抑うつが高かったりという傾向がありました。しかし、「積極的な先延ばし」をする人の特徴には、課題を先延ばし、締め切りが迫るなどのプレッシャーがかかった状態でこそ、自らのパフォーマンスを発揮できる、いわば「土壇場の強さ」があげられています。迫ってきたタスクに対し、プレッシャーのかかった状態で自身の能力をフル稼働させ、結果的に締め切りまでにタスクを完了させるのです。

土壇場になってからタスクにとりかかっても時間内に終わらせるためには、「自分ならこのタスクをこのくらいの時間でできる」という自信や確信が不可欠です。「積極的な先延ばし」をする人は、こうした見通しをもって、与えられたタスクと時間をうまくマネジメントできているともいえます。

「あえての先延ばし」が功を奏するかの分岐点はまさしく、この見通しにあるといえるでしょう。「『あえて先延ばし』てるの！」と堂々といえるときは、きっとどこかで「今やらなくても絶対に終わらせられる」という確固たる自信があるのだと思います。その結果、タスクを時間通りに完了させることができます。

しかし、どこかで見通しが曖昧だったり、土壇場でとりかかったら間に合わないかも、本当にできるかわからない、と考えたりしているときは、「あえて先延ばし」た結果が、単なるセルフコントロールの失敗に終わってしまいます。

「とりあえず今はやらない。たぶん間に合う、大丈夫」とか、「モチベーションがあがってきたらやる」とあえて先延ばしした結果、締め切りに遅れてしまうことは、まさしく根拠のない自信による落とし穴です。

「締め切り間近まで追い込まれないととりかかれない」という人も、与えられているタスクと自らが土壇場に発揮するパフォーマンスの関係がはっきりとイメージできていれば「積極的な先延ばし」となりますが、そうでない場合は「単なる先延ばし」になってしまいます。

つまり、しっかりとした見通しをもつことで、むしろ積極的に先延ばしながらうまくタスクマネジメントができると捉えることができます。「時間の使い方が上手な人」という表現が使われることもありますが、時間をうまく管理できる背景には、限られた時間のなかで、タスクと自らのパフォーマンス量を的確に把握し、タイムリーに先延ばしたり、とりかかったりというタスクマネジメントができている人ともいえます。なんだか少しだけ先延ばしに対するポジティブなイメージがみえてきた気がします。

とあるバラエティ番組の出演者が、「夏休みの宿題は8月31日（つまり夏休みの最終日）にやっていた。でも、それは計画してのこと」という趣旨のお話をされていたことがあります。これはまさしく「あえての先延ばし」です。

小学校の夏休みの宿題の量は決して少なくありません。夏休みが終わるまでという明確な期限があるなかで、そこそこの量のタスクを計画的にこなすことを、子どもに課していることになります。よく考えてみると、私たちは小学生のときからタスクマネジメント力が試されてきているのです。

2. 先延ばしが創造性を高める

一見、タスクを後回しにしているようにみえても、計画的で意味のある先延ばしは、さまざまなプラスの成果をもたらすことがあります。ここでは、意図的な先延ばしが創造性を生むことを示した研究を紹介します。

皆さんも日頃、YouTube動画を視聴したり閲覧したりすることがあるかと思います。あまりYouTubeを見ないという人は、ＳＮＳ、Netflixなどのサブスク動画に置き換えてふり返ってみてください。

アメリカで行われた調査では、オフィスで働く人たちが1日あたり平均およそ77分間の時間を、本来のやるべき仕事とは無関係のYouTube動画の視聴に費やしていることが示されています。[2] 私も、気分転換にYouTube動画を閲覧することがありますが、1日あたりの総視聴時間をつなぎあわせると……と思うと少しドキッとします。

イエール大学のシンらは、参加者の大学生に、起業のための提案書を作成してもらうという実験を行いました。[3] 提案書の作成中、画面にはその課題に関連しないYouTube動画のリンクが表示されていました。参加者は1本の動画が視聴できる低条件、4本の動画が視聴できる中条件、8本の動画が視聴できる高条件の3つの条件に分けられ、どのグループも動画を視聴できる状態で、提案書を作成しました。

その後、完成した提案書に対し、その提案内容がどれくらい創造的かを評価した結果、中条件、つまり4本の動画を視聴できる状態で作成された提案書の中身が、最も創造的であるという結果が得られたのです。このことから、先延ばしが少なかったり、過度に先延ばししたりするよりも、「適度な先延ばし」が予想外の発想や新たなアイディアの生産には効果的であることがわかりました。

確かに、仕事や課題が煮詰まったとき、締め切りが迫っていて先延ばしをしている場合ではなかったとしても、意図的にタスクを一旦中断することで、気分転換やリフレッシュができ、新たな考えを思いついたり、逆にはかどったりすることがあります。つまり、「先延ばしをする余裕はない！　もう締め切りまで時間がないんだから！」というときでも、一時的に後回しにしてみることは、タスクマネジメントの1つといえます。

気分転換がタスクの完了に向けてよい効果を生むかもしれませんし、思いがけずに有益な情報を得たり、タスクの完了に向けてのよい準備・計画段階になったりすることもあります。一時的な先延ばしがよりよい成果をもたらすこともあるのです。

3. 先延ばし研究からのパラダイムシフト

このように考えていくと、そもそも先延ばしという考え方自体を見直す必要があるように思います。実際に、あるタスクを先延ばししている間は、そのトレードオフとして別のタスクには早めにとりかかっていることもあるわけです。重要なのは、どうやって効率的にタスクをマネジメントすればよいのかを考えることです。

この点こそ、私が長らく興味・関心を寄せてきたテーマであり、本書で扱う「先延ばし」

と「前倒し」の研究をはじめた経緯につながっていきます。学術の世界では、先延ばしの原因やメカニズムの解明、その対処に向けた提言に関する知見は数多く蓄積されてきました。しかし日常生活と照らし合わせて考えてみると、どこかで先延ばしの研究に対するモヤモヤした感覚が私のなかにありました。

先延ばしをしない人、もしくは的確な見通しや自信をもって積極的に先延ばしをする人は、学校の成績も悪くないし、精神的にも健康。それはなんとなく実感としてわかります。でも、それだけとは思えなかったのです。

私は、大学の授業で学生に課すレポートをすべてオンライン上で管理しています。レポートの内容、期限、オンライン上の提出場所を指示しておいて、そこに学生が提出する仕組みです。私の所属する大学で用いられている学習管理システムでは、その学生がいつ課題にとりかかったか、作業にどれくらいの時間をかけたか、最終的にいつ課題を提出したかなどがすべて記録され、確認できます。毎回、提出されるレポートをチェックしていくと、「提出日がやたらと早いな」と思うケースに出合うことがあります。

もちろん、期限を破って提出する先延ばし行為に比べると、高評価以外のなにものでもありませんし、早めの提出を労《ねぎら》いたいとも思います。ただし、あまりに早い時期に提出されたレポートは、質がよくないことが多いのです。「さっさと終わらせた」感がヒシヒシと伝わってくる内容です。

「そんなレポートはダメ、受け取らない」と憤慨したり、「もっと時間をかけなさい」と注意したくなったりしているわけではありません。もちろん、どう見ても適当なレポートや、他人の文章をそのままコピーして貼り付けているコピペ（最近ではChatGPTとレポートに関する議論も話題になっていますね）レポートであれば、再提出を促すこともあります。ただし、私の関心はそこではなく、素朴に「なんでそんなに早く提出したいの？」というところにあります。学生からすると、「さっさと終わらせて遊びたいから」「めんどうなことこそ先に終わらせたい」などという言葉が返ってきそうです。

この考え方は、前章でみてきた先延ばしを回避するためのセルフコントロールを発揮できているともいえます。だからといって「セルフコントロールがきちんとできていますね」で終わる単純な話でもありません。

先延ばしをしないことをよしとする風潮は、現実社会に確実に存在しています。宿題の提出が早いと先生に褒められる、「仕事が早くて助かる！」と上司に評価してもらえる、などです。しかし、本当によいことばかりなのでしょうか。くり返しになりますが、早めに事を進めることには何の異論もありません。しかし、だからといってあまりにさっさと終わらせることが必ずしもよいとはいい切れないような気もします。

こうした見方については、先延ばしの研究ではほとんど扱われてきませんでした。「先延ばさないことにもメリット・デメリットがあるのではないか」「先延ばしの視点だけではなく、もっとタスクの進め方にシフトした見方が必要なのではないか」という問題意識に、私自身、先延ばしの研究を通して気付かされたのです。

学生は多くの授業を履修していて、それぞれにレポートや課題をかかえています。課題によって難易度やかかる時間も違いますし、好き嫌いや関心の程度も違います。それらにどのような順序でとりかかるかは、まさにタスクマネジメントに関わる問題といえるでしょう。

そして、これは学生のレポートに限らず、社会人にとっても身近なテーマです。働き方への意識や関心が高まる現代社会において、だれもが心身ともに健康な生活を送るためには、先延ばしの是正や改善だけでなく、効率的にタスクを進めていく方法を視野に入れる必要があります。

ここからは、私たちがタスクにとりかかる適切な順序やタスクを効率的に進めていくための方法について考えていきます。

4. 効率的なタスクマネジメントを考える

4-1. コストがやる気のトリガーになる

まずは、何をもって「効率的」といえるのかを考えてみましょう。仕事の内容や種類によって、スピード重視の場合もあれば、正確さ重視の場合もあり、一概に何をもって効率的とするかは決めにくいのですが、一般的に私たちは、かかるコストを最小限に抑えようとしながらタスクを処理しています。なるべく心身ともにコストがかからないよう、つまり後で嫌なことが待っていたり、残っていたりしないようなタスクマネジメントを、ここでは効率的なタスクマネジメントと定義します。

さまざまなタスクがあるなかで、嫌いなタスクから先に片付けておこうとする人は、意外と多いのではないでしょうか。もちろん、嫌なことにはあまり目を向けたくないから先延ばす、という人もいるでしょう。確かに、好きなこと（友達と遊ぶ、ゲームなど）にはいち早くとりかかりたいですし、嫌いなこと（宿題、歯医者に行くなど）は後回しにしたいと思うものです。ですが、今はしたくない、けれども後で苦い思いもしたくない、だったら先に嫌なことをやっておこうと思って行動する人がいるのも事実です。

これまでの話をふまえると、それは「後のことを考えている」、つまり「セルフコントロールができている」ということになります。ここでは、セルフコントロールに加えて、人がもつある特徴に着目します。それは、「コストがやる気のトリガーになる」ということです。ここでいうコストとは、金銭的なものではなく、心身に負荷を与えるような身体的、精神的、物理的な労力を指します。そして、人には心理的・肉体的なコストを最小限に抑えようとする特徴があります。

では、こうしたコストのかかるタスクが目の前にある場合、しかもそのタスクからは逃れられない状況にある場合、皆さんはどう感じるでしょうか。「気が重いなー」と心のなかで呟《つぶや》いてしまいませんか?

トリガーとは、日本語でいうと「引き金」です。コストがトリガーになるとは、負担のかかるコストの高さが、むしろその行動を引き起こすきっかけの1つになることを指します。「気が重いなー。よし! だったらもう、さっさと片付けてしまおう」といった具合です。

このように、嫌なことから逃げたい、先延ばししたいと思う人が多い場面で、むしろコストがあることで早めにとりかかる人もいるということが、これまでの実証実験を通じて明らかにされてきたのです。

4－2．予測の非対称性

嫌なことに早めにとりかかっておこうとする行動を説明するうえで、まず「予測の非対称性」という考え方を紹介します。ブリティッシュコロンビア大学のハーディスティらは、将来好きなことをしている自分を予測するのと、嫌いなことをしている自分を予測するのとでは、それぞれの感情の強さが異なる点に着目しています。[4]

将来嬉しいことがある、楽しみなことが待っている、とイメージすれば、早くその日が来ないだろうかと待ち遠しく感じるでしょう。一方で、将来辛い目にあうかも、嫌な思いをしているかも、とイメージすることは、恐怖などの強い感情を伴い、またそんな目にあう日までのことを考えるのも嫌になります。

この楽しみと恐怖の感情は相対する感情ですが、その強さは同程度ではありません。ハーディスティらは、さまざまな味のジェリービーンズを試食してもらうという実験を実施しています。味の種類は、スイカやレモン、ブルーベリー味などの美味しいものから、土の味やミミズの味といったまずいものまでさまざまです。実験の参加者には、それぞれのジェリービーンズを食べるときの感情などを回答してもらいました。

その結果、まずいジェリービーンズに対する嫌悪感情（食べたくない！　不愉快！）の方が、美味しいジェリービーンズに対するポジティブな感情（爽やか！　美味しそう！）よりも強いことが明らかになったのです。だからこそ、その嫌悪感情をなるべく小さくしようと、早めにさっさと終わらせてしまおうとするのかもしれませんね。

4－3．好きなものは最後までとっておく派？

「好きなものは最初に食べる派？　それとも最後までとっておく派？」

だれもが一度は答えたことのある他愛のない質問です。真剣に議論するテーマではないと思われるかもしれませんが、実はこの問題について考えていくうちに、私は興味深い事実にたどり着きました。

ちなみに、私の夫は好きなものを最後に残す派です。そして、嫌いなものがあれば何より先に食べ終えてしまいます。一方の私は、好きなものを最後に残しておく、ということはあまりありません。気のむくままに好きなものから食べはじめます。わざわざ好物を最後のお楽しみとしてとっておこうとは考えたことがありませんし、苦手なものからあえて先に食べようともしません。

どちらの派閥にもそれぞれに言い分があります。大学の授業でこの質問をした後にその理由を尋ね、実際に学生にディベートをしてもらうと、最初はしょうもない議論だと思いながらはじめていても、次第に白熱していくのです。

残しておく派：「好きなものを残しておいて最後に食べることで、食事の終わりにハッピーになれる」「最後に嫌いなものが残っているのはもはや絶望」

先に食べる派：「好きなものこそ、出来立て、美味しいうち、温かいうちに食べたい」「嫌いなものを先に食べてお腹いっぱいになってしまったら、好物を美味しく食べられないかもしれないからもったいない」

残しておく派：「好きなものを残しておいて、お腹いっぱいで食べられないことはない。ちゃんと見通して食事を楽しんでいる」

先に食べる派：「そんなことまで考えていては食事が楽しめない」

このような調子で、延々と議論は続きます。

さて、「好きなものから食べる派」と「最後までとっておく派」の違いは、どこからくるのでしょうか。そう考えた私は、社会人を対象にアンケート調査を実施しました。「あなたは好きなものは最初に食べる派ですか？　それとも最後に残しておく派ですか？」という質問をしたうえで、両者の違いに関していくつかの仮説を検証してみたのです。

最も有力な仮説が、セルフコントロールの高さの違いです。後のことを考えて目の前の好きなものを最後まで残しておくためにはセルフコントロールが必要です。そこで、好きなものを残しておく人は、そうでない人よりもセルフコントロールが高いと予想しました。

しかしながら、この仮説は一貫して支持されませんでした。好きなものを残す人とそうでない人の間で、セルフコントロールの高さに統計上の有意な差はみられなかったのです。好きなものを残す人はセルフコントロールが優れていて、反対にそうでない人は衝動のままに好きなものを食べてしまうセルフコントロールが低い人、ということではないようです。

そこで、今度は次のような仮説を検証してみました。ハーディスティらの知見をふまえると、嫌いなものが残っていることへの嫌悪感情の強さが影響を与えているかもしれないと考えられます。つまり、好きなものを先に食べるか、後に残しておくかどうかよりも、最後に好きでないものが残っていることに対し、どれくらいネガティブな感情を抱くかどうか、その強さに違いがあるのではないかと考えたのです。そこで、好きなものを残しておく人は、そうでない人よりもネガティブなことに対する感受性や敏感さが高いと予想しました。

調査の結果、この仮説は概ね支持されました。つまり、嫌いなものが最後の最後に残っているということを強く嫌がるかどうかが、その行動に影響を与えていたのです。実際に、「好きなものを最初に食べる派」の私は、好きではないものが食事の最後に残っていたとしても、さほど気になりません。

ちなみに、対象者の224名のうち、85名が好きなものは最初に食べる派、139名が最後に残しておく派でした。残しておく派の人の方が多いようです。性別や年代によってこのバラツキが異なっているかも調べてみましたが、その傾向はみられず、性別や年代によって偏りがあるというわけではありませんでした。

4-4. 恐怖・痛みの最小化

先ほど紹介したアンケート調査では、好きな仕事と嫌いな仕事が与えられたとき、どちらから取り組むかも尋ねています。こちらは好きな仕事から取り組む人が145名、嫌いな仕事から取り組む人が78名、未回答が1名でした。その結果、嫌いな仕事からとりかかる人は、好きな仕事からとりかかる人よりもセルフコントロールが高いことが示されています。

セルフコントロールの高さや、コストがトリガーになることなどによって、人は嫌いなタスクからはじめることを効率的と捉える傾向にあります。実際に、人からやれといわれて指示されたタスクは、自ら望んで行うタスクと比べて動機づけは低く、先延ばしされやすいといわれてきました。その一方で、人から指示されたタスクほど、むしろ早めにとりかかる人がいることも事実なのです。[6]

嫌なことを後回しにすると、必然的にそれについて考える時間が長くなるため、より多くの時間をその嫌なことに割く、という結果になります。長い間嫌なことを考えるのは苦痛です。だからこそ、怖いことや痛いことは、できるだけ早めに終わらせたいと思うものです。

カリフォルニア大学のハリスの研究では、参加者にとって苦手であるイベントを明日やるか、もしくは1週間後にやるかを選択してもらいました。その結果、嫌なことはなるべく後回しにしようと、少しでも現在から遠い「1週間後」を選ぶ人と、嫌いなことだからこそさっさと終わらせてしまおうと、現在から近い「明日」を選ぶ人とで二極化する傾向が示されています。[7]

この点についてさらに検討を進めるため、ハリスはあるシナリオを用いた実験を行いました。実験に参加した352名の成人は、次のシナリオを読んで、示された5個の選択肢から

1つを選びました。

《あなたの住む地域で流行しているウィルス感染症のため、それを予防するための注射を30日後に打つことが決まっています。つまり、30日後には非常に強い痛みを経験することになります。このときに、医師からどのタイミングで「その注射がとても痛い」という事実を伝えてほしいですか？》

（A）注射を打つ直前（30日後）
（B）注射を打つ前日の夕方
（C）注射を打つ前日の朝
（D）注射を打つ1週間前
（E）今すぐ（注射を打つ30日前）

結果は、（E）今すぐ（注射を打つ30日前）を選んだ人が約50％、（A）注射を打つ直前（30日後）を選んだ人が約33％でした。直前を選んだ理由のなかには、「30日間、怖くて心配し続けることになる」「待つ時間が長いと、そのことをずっと考えてパニックになりそう」などがあり、恐怖を感じる時間を最小限に抑えようとしていることがみてとれます。一方で、恐怖を感じる時間は最小限に抑えられるものの、心の準備をする機会も十分に得ようとする人がいることも事実です。

ハリスはさらに、193名の成人を対象に次のような研究も行っています。

《あなたが40Vの電気ショックを受けることになったとき、どちらを選びますか？》

（A）今すぐ受ける
（B）1週間後に受ける

この質問には、約79％の人が（A）の「今すぐ」を選択しました。先ほどと同様、電気ショックという苦痛を伴うイベントに対して、そのことを考える時間を最小化しようとしたからだと考えられます。

ハリスはさらに、（A）を選んだ参加者に対して、1週間後に受けると36Vという小さい電気ショックになるとしても、今すぐ40Ｖの電気ショックを受けることを選ぶかどうかを尋ねました。すると、（Ａ）を選択した参加者のうち約68％の人が、１週間後の電圧が４Ｖ軽減するとしてもなお、今すぐ40Ｖの電気ショックを受けることを選んだのです。さらに、参加者全体のうち約４割の人が、１週間後には20％弱い電気ショックになるとしても、今すぐの電気ショックを選びました。

一連の実験の結果から、人にとって恐怖を最小化することがいかに重要であるかがわかります。もちろん、これには恐怖や罰に対する敏感さや感受性などのパーソナリティが関わっている可能性があります。

私自身は、身体的な痛みを伴う用事があれば、そうした痛みを感じる期間をなるべく短くしようと、先に済ませる方を選ぶ傾向があります。たとえば昨年、私ははじめて親知らずの抜歯をしました。ちょうど大学の授業のない期間だったので、自らのタイミングで予約をとることができました。そこで私は、迷うことなく直近の日程を予約しました。一番大きい理由は、抜歯そのものを「できるだけ早く終わらせたかった」ということです。先延ばすことも可能でしたが、抜歯のことを考える日数をできるだけ短くしたかったのだと思います。

本章では、セルフコントロールの高さ、コストがトリガーとなること、恐怖や痛みの最小化などの影響に焦点をあてて、効率的なタスクマネジメントのあり方を考えてきました。ここまで読んで「嫌いなタスクからはじめた方がいいんだ」と思った人もいるかもしれませんが、そう簡単に結論づけることもできません。タスクマネジメントは多様であり、複数の要因が絡み合っています。

次章からは、効率的といえるタスクマネジメントの多様なあり方についてみていくことにしましょう。

---

1 Chun Chu, A. H., & Choi, J. N. (2005). Rethinking procrastination: Positive effects of "active" procrastination behavior on attitudes and performance. The Journal of Social Psychology, 145 (3), 245-264. https://doi.org/10.3200/SOCP.145.3.245-264

2 Purtill, C. (2017). What your YouTube habit is really costing your company. Quartz. Retrieved June 12, 2024, from https://qz.com/work/1130617/what-your-youtube-habit-is-really-costing-your-company

3 Shin, J., & Grant, A. M. (2021). When putting work off pays off: The curvilinear relationship between procrastination and creativity. Academy of Management Journal, 64 (3), 772-798. https://doi.org/10.5465/amj.2018.1471

4 Hardisty, D. J., & Weber, E. U. (2020). Impatience and savoring vs. dread: Asymmetries in anticipation explain consumer time preferences for positive vs. negative events. Journal of Consumer Psychology, 30 (4), 598-613.

https://doi.org/10.1002/jcpy.1169

5 Adachi, M., & Adachi, K. (2022). Who is truly a person with high self-regulation? One who "does the task they dislike first" or who "eats the food they dislike first" ?. International Journal of Psychological Studies, 14 (4), 38-44. https://doi.org/10.5539/ijps.v14n4p38

6 Rebetez, M. M. L., Rochat, L., & Van der Linden, M. (2015). Cognitive, emotional, and motivational factors related to procrastination: A cluster analytic approach. Personality and Individual Differences, 76, 1-6. https://doi.org/10.1016/j.paid.2014.11.044

7 Harris, C. R. (2012). Feelings of dread and intertemporal choice. Journal of Behavioral Decision Making, 25 (1), 13-28. https://doi.org/10.1002/bdm.709

コラム② ——人は「役に立たないうえにつまらない」タスクを前倒しする

極端な前倒しをする部下や生徒、子どもなどがいる場合、私たちはどのような態度で接するのが適切なのでしょうか。２章で述べた大学生のレポート提出のタイミングについて、私自身が指導者として心得ておきたいと感じた研究を紹介します。

先延ばしをせず、さっさとタスクに取り組む背景の１つに、タスクへの嫌悪感があげられます。嫌いなタスクをさっさと終わらせること自体、その人の心理的な安堵や効率性の面からみて問題はないでしょう。しかし、それによって任されたタスクや宿題、レポートなどの出来が著しく低くなったり、低いパフォーマンスによって達成感や満足感を得られなかったりする場合には注意が必要です。

そこで、大学生がどれくらいその授業に興味をもち、将来役に立つと思っているかが、課題やレポートを提出するタイミングとどのように関わっているのかを調べてみました。その結果が**図表２－１**です。[1]

縦軸は、レポートの締め切り日からレポートを提出した日を引き算した数値を表していま

図表2-1　大学生のレポート提出のタイミング

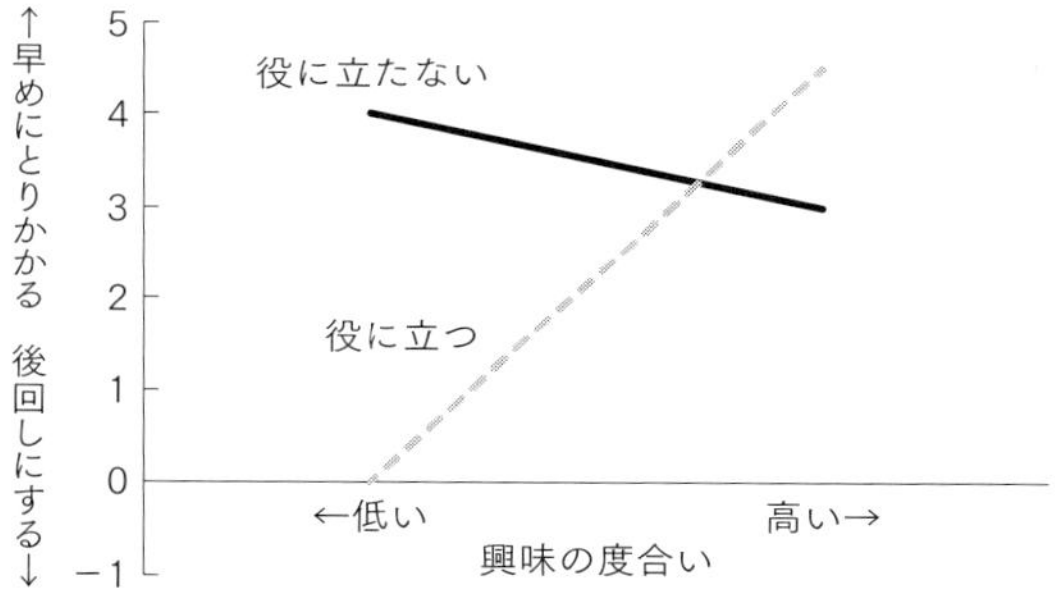

授業をおもしろくないと感じる人ほど提出を先延ばすが、おもしろくなく役に立たないと思うと逆にレポートを早く済ませようとする。

出典：Adachi, M., & Adachi, K.（2021）.「Correlation between class evaluation of university students and procrastination.」より

す。値が大きいほど早めに提出していることを表しており、値が小さくなるほど締め切りギリギリに提出していることになります。値がマイナスになっている場合は締め切りを超過していることを表しています。

横軸は、右にいくほど興味の度合いが高いことを、左にいくほど興味の度合いが低いことを表しています。まず、その授業に対する興味が低いほど、課題の提出がギリギリになっている、つまり先延ばしをしているという関連がみられました。「つまらない授業」だと、課題に対するやる気やモチベーションも低くなってしまうのでしょう。

注目すべきは、この関連がその授業を

「役に立つ」と評価している学生にしかみられなかったということです。**図表2－1**の点線は、授業を役に立つと評価している学生を表しています。つまり、その授業は役に立つ（すべての授業でそう思ってほしいところですが）と認識しているにもかかわらず、授業が楽しくないと感じている学生は、その授業の課題を先延ばしする傾向がみられたのです。反対に、その授業が役に立たないと評価している場合（**図表2－1**の実線）は、「授業がつまらない」と感じている学生ほど、早めに課題を提出していました。

これはとても興味深い結果でした。どうしてそんなに早くから課題にとりかかるのかという問いの答えの1つが、「役に立たないうえにおもしろくないから、さっさと片付ける」という心情であるならば、教える側にとっては耳が痛い話です。あまりに早く課題やレポートを終わらせ、さらにその完成度が低いという学生が多い場合は、授業には工夫や刷新が必要なのかもしれません。

逆に考えるなら、「役に立つうえにおもしろい授業」の課題だと、学生たちはこのような過度な前倒しをしない、と捉えることができます。私自身、指導者として常に心得ておきたい研究結果となりました。

指示されたタスクをあまりに早く処理しようとする部下や学生に対して、タスクを与えた監督者や指導者はどう対応すればよいでしょうか。まず、タスクや授業自体を「おもしろく」したいところですが、それには抜本的な改善が必要かもしれません。

一方、「役に立つ」の方は捉え方によっても変えられそうです。たとえば、そのタスクが長期的にみてその人にとってどのような意味をもたらすのか、つまりどう役に立つのかを伝えることはできるでしょう。

一言で表現するのはなかなか難しそうですが、そうした声かけによって、与えられた仕事に対する誇りや働きがい、学ぶ意欲を刺激するきっかけの１つにはなるかもしれません。

1 Adachi, M., & Adachi, K. (2021). Correlation between class evaluation of university students and procrastination. Journal of Educational and Developmental Psychology, 11 (2), 70-75. https://doi.org/10.5539/jedp.v11n2p70

3章

前倒し

概念の誕生

本章では、これまでみてきた先延ばし（procrastination）から、新しい概念である「前倒し（precrastination）」に視点を移していきます。この概念は、２０１４年にアメリカの心理学者、ローゼンバウムらの研究チームによって提唱されたもので、予想外の結果が得られたある実験をきっかけに生まれました。まずはその実験を紹介しましょう。[1]

1．はじまりはバケツ運び実験

この実験では、参加者はスタート地点からゴール地点まで16フィート（約４・９メートル。相撲の土俵の直径くらい）の距離を歩くよう指示されます。そして、スタート地点からゴール地点の間には、重さの等しい２つの空のバケツが設置されています。１つはスタート地点に近い位置に、もう１つはゴール地点に近い位置に置かれています。参加者は、スタート地点を出発して、どちらか１つのバケツを選んで手に取り、そのバケツをゴール地点まで運ぶよう指示されます（**図表３－１Ａ**）。

ローゼンバウムらは、身体的なエネルギーのコストの点から、ほとんどの参加者がゴール地点近くのバケツを選択するだろうと考えていました。バケツを運ぶ距離がわざわざ長くなる方（スタート地点近くのバケツ）を選ぶはずがない、多くの人は運ぶ距離が短くなる方

図表3-1　ローゼンバウムのバケツ運び実験

A　バケツ運びの例

スタートからゴールまで約4.9m。スタートから約1.2m、約2.4mの位置にそれぞれバケツが置かれている。

B　2つのバケツの位置を移動させた例

スタートからゴールまで約4.9m。スタートから約3m、約4.3mの位置にそれぞれバケツが置かれている。

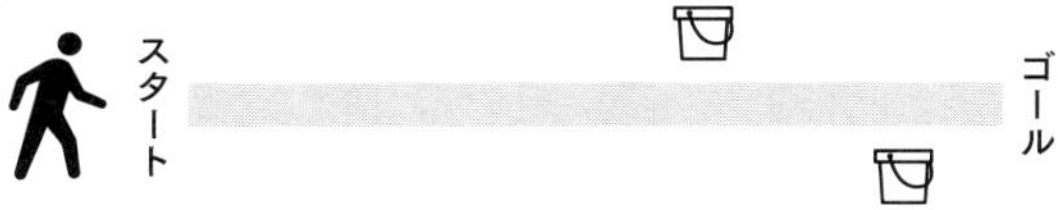

出典：Rosenbaum, D. A., Gong, L., & Potts, C. A. (2014).「Pre-crastination: Hastening subgoal completion at the expense of extra physical effort.」を参考に筆者作成

（ゴール地点近くのバケツ）を選ぶだろうと予想していたのです。

しかし結果は、彼らの想定を覆すものでした。多くの参加者は、スタート地点に近いバケツを選択し、そのバケツを持ってゴール地点まで運んだのです。スタート地点近くのバケツを選んだ方が、バケツを持って運ぶ距離が長くなるのにもかかわらず、です。

この実験はもともと、歩く距離の長さと運ぶときの重さのコストについて検討するためのものでした。つまり、軽い荷物を長い距離運ぶのと、重い荷物を短い距離運ぶのとでは、人はどちらを選ぶのかを探るための実験だったのです。そして、この実験を行う前提として、同じ重さの2つの荷物がある場合、人はその荷物を長い距離運ぶよりも、短い距離運ぶ方を選択することを確認するために行われたのが、このバケツ運び実験でした。

しかしながら、想定とはまったく逆の結果となったことに彼らは非常に驚きました。それと同時に、この結果が何を意味しているのか、どのように理論的に解釈できるのか考えたのです。

スタート地点近くのバケツを選んだ人に、その理由を尋ねてみると、「できるだけバケツ運びを早く終わらせたかった」という答えが返ってきました。バケツ運びというタスクを早いうちに終わらせておきたい、それが身体的なコストになったとしても、早く終わらせることを優先していたのです。

ローゼンバウムらはこの背景に、バケツ運びというタスクがあることへの認知的負荷を減らしたいという意識があるのではないかと考えました。ここでの認知的負荷とは、頭のなかにあるさまざまなタスクに対する「やらなくちゃ」という気持ちと捉えてください。タスクの種類や性質は問いません。

議論を重ねていくうちに、彼らはこの現象こそ、先延ばしの対極に位置付けられ、これまであまり注目されてこなかった、心理学の分野での新しい現象なのではないか、さらにいえば現実社会において非常になじみ深い現象の1つではないか、と考えたのです。

ちなみに、この実験に対しては、「ゴール地点の近く、つまり遠くにあるバケツを選んで運ぶよりも、スタート地点の近く、つまり近くにあるバケツを選んだ方が、フットワークが軽くて済むからではないか」といった別の仮説を指摘することもできました。歩きながら物を拾うときには、手と足で動きの流れを変える必要があります。こうした変更は、比較的ゆっくり歩いているとき、つまり近くに置いてある物を拾うときの方が簡単だったからではないかという説です。

しかし、この仮説は、**図表3－1B**のようにバケツの位置を変更したとしても、多くの参加者がスタート地点に近い方のバケツを選んだことから否定されました。2つのバケツが置かれた位置の違いを相対的にみれば、多くの人が選択したバケツとスタート地点との距離はより近いのですが、それでも一定の距離を歩いているわけなので、スタートからゴールまでの歩く速さの違いによって、手と足の動きの変更が容易だったから、という仮説は成り立たないのです。

そこで次は、参加者に車椅子に座ってもらった状態で、同様の実験を行いました。車椅子を押す人は、車椅子に座った参加者が希望するバケツを拾うよう、そして一定の速度で16フィートの距離を一直線に車椅子を押すように指示されました。車椅子を押す人は、この実験の概要や仮説について一切知らされていません。しかしそれでも、結果はこれまでと同じパターンでした。それゆえ、手と足の流れの変更に対する容易さから、近くのバケツを選択したという仮説は否定されたのです。

さらに、こんな仮説も考えられました。「参加者のなかに、バケツを長い距離運ぶことを好んでいた人が含まれていたかもしれない」というものです。たとえば、運動部の人が多く、長い距離バケツを運んで身体を鍛えたいとか、トレーニングをしたいと思っていた人が多かった、という可能性です。しかし、短い距離バケツを運ぶ場合と、長い距離バケツを運ぶ場合とを単純に比較してみた結果、ほとんどの参加者が短い距離の方を選んだことから、その可能性も否定されました。

また、「近くにあったものに、単に注意を向けただけではないのか」といった仮説も考えられます。確かに、近くにあるものの方がよく見えるし、遠くに置いてあるものは認識しにくい、という注意の向き具合による影響も考えられます。これについてローゼンバウムらは、近くのバケツだけでなく、遠くのバケツもはっきり見えるようにモニタを設置し、そのモニタを確認するよう参加者に促しました。それでもやはり結果はこれまでと同様、近くにあるバケツが選択されやすかったのです。

さらには、身体的なコストを犠牲にしてでも、近くに置かれたバケツを選ぶ事実をどう解釈するかについて、「そもそも、バケツが軽くて運ぶのに身体的なエネルギーを必要としていなかったのではないか」という懸念もありました。そこで、これまで同じ重さのバケツを2つの地点に設置していたところを、今度はスタート地点近くのバケツには水を入れて7ポンド（約3kg、2リットル入りのペットボトル1・5本分）とし、ゴール地点近くのバケツは空の状態のままにして、同様の実験を行いました。

その結果、24名の参加者のうち、ほとんどの人が軽いバケツを選ぶ傾向を示しました。重いバケツを選んでいたのは1名だけでした。その人は、ウェイトリフティングが趣味のパーソナルトレーナーだったそうです（先ほどの仮説にあてはまる人が本当にいたとは！）。

ただし、一般的には軽いバケツを選ぶものの、7ポンドの重さのバケツが近い位置にあると、その重いバケツを選択する傾向を示す結果もみられています。つまり、重いものが近くにあり、さらにそれを遠くまで運ばなければならない状態であったとしても、重いものを運ぶのを常に拒むわけではないことが示唆されているのです。

ローゼンバウムらは、あらゆる可能性を考慮して綿密に仮説の検証を積み重ねることで、「人は認知的負荷を減らすために、余分なコストを犠牲にしてでもタスクを早く完了させようとする」ことの頑健さを証明しました。２０１４年以降もこの現象が再確認され、前倒しとは「余分なコストを犠牲にしてでもタスクに早めに取り組むこと」と定義されました。

2. なぜ前倒しをするのか――CLEAR（認知的負荷軽減）仮説

ローゼンバウムらの実験結果について、「いくら『やらなくちゃ』というプレッシャーをなくしたくても、わざわざバケツを長い距離運ぼうとするだろうか」と疑問をもつ方もいるでしょう。確かに、認知的な負荷を軽減させるために、私たちがいつ何時も余分な労力を払ってタスクを前倒ししているわけではありません。しかしながら、日常生活をふり返ってみると、そうした前倒しをしている瞬間が、皆さんにもあると思います。

たとえば、すぐに回答できる内容のメールにはすぐに返信をする、公共料金の支払いの請求書は届いたらすぐに振り込む、確定申告はなるべく早めに済ませる、今すぐ提出できる宿題は早めに終わらせる、などです（もちろん、これらのタスクを先延ばす人もいます）。

前倒しによって、認知的な負荷を軽減させることは、「頭のなかを空っぽ」にすることにたとえられます。タスクをやり終えて頭のなかをすっきりさせることによって、ほかの活動に集中できるようになるのです。

あるタスクを片付けないままずっと心に留めておくことは、それがたとえ頭の片隅にある小さな負荷であったとしても、積み重なると地味に大きなプレッシャーになり得ます（もちろん、それを気にしない人もいます）。だからこそ、早めにタスクにとりかかり、頭のなかをすっきりさせることによって、「やらなくちゃ」のプレッシャーから解放されたいと思うわけです。

序章では、たくさんの仕事があるときには、やることをリストアップしたＴｏＤｏリストを使うことを推奨しました。完了したタスクにはチェックを入れたり、付箋を剥がしたり、もしくはスマホのメモ帳から消去したりなどをくり返すことで、頭のなかがすっきりしていく。これはつまり、「やらなくちゃ」という認知的負荷を消去しているともいえるわけです。

このような捉え方を、「cognitive-load-reduction hypothesis（認知的負荷軽減仮説）」、または短く「CLEAR仮説」と呼びます。まさしく頭のなかをすっきりさせる「クリア仮説」とも表現されます。

私自身の例でいえば、「○日までに返信してください」といった仕事のメールには、その時点で返信できる内容であれば瞬時に返信するようにしています。たとえ休日でも即座に返信します。メールに限らず、指示された業務、タスクに対しては、できる範囲で早めに対応するようにしています。子どもの頃は、夏休みの宿題も早めに終わらせようとしていました。

こう書くと、まるで優等生の堅実さアピールのようですが、「やらなくちゃ」のプレッシャーから解放されたいという欲求にもとづいて行動しているだけなのです。もちろん、仕事が早いといわれれば嬉しいのですが、決してそうしたよい評価を得るために行動しているわけではありません。あくまでも、認知的負荷を軽減させるためなのです。スポーツにたとえれば、投げられたボールに即座に反応し、打ち返すイメージです。そのような意味で、私は典型的な前倒し派です。

3．前倒しへの注目

私たちは、自分が思っている以上に「やらなくちゃ」のプレッシャーに敏感です。それは、先ほどのバケツ運び実験からもわかる通り、身体的なコストを犠牲にしてでも、早めにバケツを手に取る行動からも明らかです。

3-1．CLEAR仮説は本当か

ワシントン州立大学のフルリエらの研究グループは、前倒しが本当に認知的負荷の軽減のためなのかを検討するため、ローゼンバウムらのバケツ運び実験を応用した興味深い実験を行っています。[2]

彼女たちの実験では、基本的にはローゼンバウムらのやり方を踏襲しつつ、次の点を変更しています。参加者は、スタート地点から歩きはじめ、ゴール地点までのそれぞれ異なる位置に置かれた2つのバケツを拾い、その2つのバケツを持ったまま、スタート地点まで戻るよう指示されます（**図表3-2**）。ポイントは、スタート地点の近くに置かれたバケツを最初に拾ってから、遠い位置のバケツを拾おうとするか、もしくはその逆か、つまり、どちら

図表3-2　フルリエのバケツ運び実験

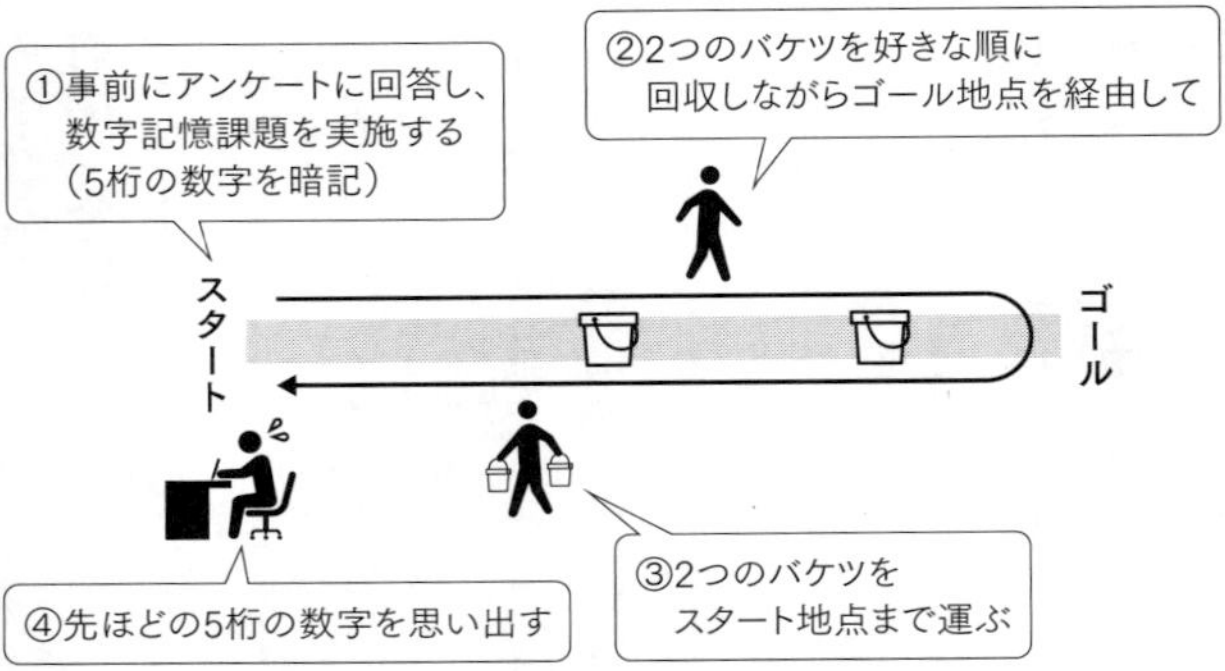

出典：Fournier, L. R., Coder, E., Kogan, C., Raghunath, N., Taddese, E., & Rosenbaum, D. A.（2019）.「Which task will we choose first? Precrastination and cognitive load in task ordering.」を参考に筆者作成

のバケツを先に手に取って持ち上げようとするかです。

スタート地点からゴール地点を経由して、またスタート地点に戻ってくるわけですから、スタート地点の近くに置かれたバケツを先に拾うということは、そのバケツをより長い時間運ぶことになります。なお、2つのバケツの位置には4パターンが設定されています。スタート地点から近い位置と遠い位置の組み合わせはそれぞれ、6フィート（約1・8m）と12フィート（約3・7m）、6フィート（約1・8m）と16フィート（約4・9m）、12フィート（約3・7m）と18フィート（約5・5m）、12フィート（約3・7m）と22フィート（約6・7m）です。

さらにこの実験では、参加者の半数にバケツ運びと同時に数字記憶課題を課しました。バケツを運ぶ前に、5桁の数字が与えられ、その後、自らの選んだ順序で2つのバケツを拾い、スタート地点まで運びます。無事にバケツを運んだ後、参加者は与えられた5桁の数字を思い出すよう求められます。残り半数の参加者には、右記のような数字記憶課題は行われませんでした。

この実験から、フルリエらは「数字記憶課題を行った参加者は、すでに記憶という認知的な負荷を与えられているため、それ以外の認知的な負荷を早めに軽減させようとし、数字記憶課題を行わなかった参加者よりも、スタート地点の近くにあるバケツを最初に選んで拾う可能性が高い」と予想しました。

ちなみに実験中、参加者からどちらのバケツから拾えばよいのか、などの質問があった場合は、「それはあなたの選択です」と回答するにとどめ、1回の往復移動で2つのバケツを運ぶ以外の指示は与えませんでした。近くにあるバケツを手に取って、一旦スタート地点に戻る、などはできません。

皆さんも、バケツを運びながら5桁の数字を暗記する、という状況をイメージしてみてください。頭のなかでずっと復唱したり数字を描いたりしながら、忘れないようにしようとするでしょう。

実験の結果、ほとんどの参加者は、最初にスタート地点の近くに置かれたバケツを手に取り、それを持って歩き、もう1つのゴール地点の近くに置かれたバケツを拾って、スタート地点に戻っていました。非常に奇妙な結果です。最初にスタート地点近くのバケツを拾わず素通りし、ゴール地点近くのバケツを手に取り、復路でスタート地点のバケツを手に取って運んだ方が、楽だとは思いませんか？

ここで重要な点は、数字記憶課題を行った参加者は、行わなかった参加者に比べて、一貫してスタート地点に近いバケツを先に選択する確率が高かったということです。数字記憶課題という認知的な負荷があった場合、ほとんどの参加者が一貫して近くのバケツを先に選んでいたのです。

一方で、数字記憶課題を行わなかった参加者では、遠い位置に置かれたバケツの距離が遠くなるほど、近い位置に置かれたバケツを先に選択する確率が低くなっていました。身体的な負担が増えるということを合理的に判断できていたともいえます。

つまり、数字を記憶しておくという認知的な負荷がかかった状態では、ほかのことに認知的な判断を下す余裕がなくなり、身体的なコストを犠牲にするという選択をしてしまうのに対し、数字を記憶しておくという認知的負荷がなかった人たちは、認知的な処理を行う余裕ができ、少しでも身体的な負担を軽くするための選択ができたといえるのです。

この結果は、私たちがいかに認知的な負荷の軽減に敏感であるかを明確に示すものといえます。スタート地点の近くに置かれたバケツを先に拾うことは、それほど多くの認知的な活動を必要とするものではなく、頭を使わず行える単純なタスクです。だからこそ、そうした認知的な負荷のかからない予備的なタスクを早めに片付けておくことで、別のタスク（数字の暗記など）に集中できるともいえます。

頭のなかであれやこれやとさまざまな処理をしているがゆえに、やっておかなければならない単純なタスクは早めに処理しておこうとして、前倒しが生じるともいえます。

こうした現象は、日常生活の一端にも表れています。先ほど例にあげたメールへの返信など、簡単なタスクであればあるほど、早めにそのタスクを片付けておこうとするでしょう。たとえそのことによって別のコストが現れるとしても、それ自体の認知的な負荷を軽減、または最小限に抑えようと、できるだけそのタスクに早めにとりかかります。それによってほかの活動に注意を向けたり集中したりでき、不測の事態が起こったとしても余裕をもって対処できるのです。

序章で、緊急のタスクに早めにとりかかる「単なる緊急性の効果」という現象を紹介しました。しかし前倒しは、タスクを早めに処理することで、タスクを念頭に置くという認知的負荷を排除もしくは軽減し、そのほかの認知的な働きに集中しようとする戦略を含む点で、「単なる緊急性の効果」とは異なります。

3－2．身体的コストはどこまで犠牲にできるか

さて、私たちは、身体的なコストを犠牲にしてでも「やらなくちゃ」というプレッシャーを軽減させることに敏感であるという話をしてきました。しかし実際に、人は「身体的なコスト」をどれくらいまで犠牲にしてでも前倒しをするのでしょうか。フルリエらはこの点に着目し、もう1つの実験を行っています。[2]

たとえば、ペンキがいっぱいに入っているバケツの中身がこぼれないように、デコボコ道を運ばなければならない、という状況をイメージしてみてください。これまでの実験では、身体的コストを犠牲にするとはいえども、軽いバケツを運ぶという単純なタスクであることに変わりはなく、それくらいの身体的コストであるならば、認知的な負荷を消去するために犠牲にすることは厭《いと》わないという考え方が中心にありました。しかし、バケツ運びが単純で

はなく、むしろ注意を払わなければならないようなタスクとなると、どうでしょうか。

フルリエらは、今度はバケツの代わりにカップを用い、そのカップに水が満杯の状態、もしくは半分ほど満たされた状態で、そのなかに入った水をこぼさないように運ぶという、注意や集中などの認知的負荷を加えたタスクを用いて、前倒しの現象がみられるのかを検討しました。

実験の参加者には、先ほどと同じように、数字記憶課題を行うグループと行わないグループを設けたうえで、水が入ったカップを手に取り、その水をこぼさずに運ぶよう指示しました。なお、近くのカップと遠くのカップに入っている水の量はそれぞれ、半分ほど満たされた状態と満杯の状態、2つとも満杯の状態、満杯の状態と半分ほど満たされた状態の3パターンが設定されています。

参加者は、スタート地点に近い位置に置かれた満杯の水が入ったカップを先に選ぶと、より長い時間水をこぼさないようにするために、慎重さや注意、集中という新たな認知的負荷が伴うことを容易に想定できるはずです。よって、遠い位置に置かれたカップが満杯ではないときには、多くの人がそのカップを先に選ぶだろうと予想しました。ちなみに、カップは透明なプラスチック製で、2つのカップの水の量はスタート位置からも確認できるようになっています。

結果は、数字記憶課題を行ったかどうかにかかわらず、ほとんどの参加者が、スタート地点の近くに置かれたカップが水で満杯のときは、遠くに置かれた満杯ではない方のカップを先に選択していました。やはり、満杯に水が入ったカップを長時間運ぶという多大な認知的負荷を伴うタスクがすでにある状況では、わざわざそのような大きなコストを犠牲にしてまで、タスクを前倒しにするという現象は生じにくいのです。

このことから、人はそのタスクにどれくらいの認知的な負荷が伴うかを判断し、すでに大きな認知的負荷がある状況では、より大きな負担やコストを避けようと判断しているといえます。前倒しという現象が、認知的負荷の影響を強く受けていることがわかりますね。

バケツ運び実験からも似たようなことがいえます。あまりにバケツが重かったり、あまりにも運ぶ距離が長くなったりと、負担が大きい場合は前倒しという現象は起こりにくくなるのです。余分なコストを払うのにも、限度があるということでしょう。

この実験では、数字記憶課題を行った参加者は、行わなかった参加者よりも、スタート地点の近くに置かれたカップを最初に手に取る確率が高いという結果も得られています。このことは、数字の記憶という認知的負荷がかかった状態では、できるだけ早くタスクを開始しようとする行動が、いわばデフォルト（初期設定）になっていることを示唆しています。つまり、自動的な反応として前倒しがなされる可能性があるということです。

3-3．前倒しは自動的な判断か

前倒しという現象は、認知的な負荷を最小限に抑えようとする点で、実は私たちにとって非常に身近であることがおわかりいただけたかと思います。タイパ重視の風潮がある社会では、できることはできるうちにさっさと終わらせておくことが当たり前のようにも思えますが、実はそうすることで、余分な認知的負荷を頭のなかから消去しようとしているのです。

たとえば、我が家には自家用車がないので、買い物は基本的に徒歩圏内のスーパーに行きます。そのとき、自分でもなぜかはわかりませんが、「何となく」重たいもの、運ぶのがめんどうなものから先に買っておこうとします。もちろん、これにも限度はあります。猛暑日や雨の日などは、運ぶのが大変なもの、重たいものなどは後回しにしてしまいます。

ほかにも、大通りを渡る際に、近くにある歩道橋を渡るか、もしくは遠くの信号がある横断歩道を渡るかを選択することがあります。そのときにも、なるべく早いうちに大通りを渡っておこうと優先して歩道橋を渡ります。結局はほとんど同じ時間で目的地に到着するのですが、特に理由もなく、その方が早く到着するという錯覚が生じているのか、その方が楽だと判断しているのかもしれません。いずれも、自分のなかで強く意識して計画しているわけではないのですが、どこかで認知的負荷のかかる行動に先手を打っているのです。

確定申告や公的料金の支払いなどといった、書類作成や手続きを伴うタスクがあるときにも、前倒し人間の私はそれらにいち早くとりかかります。最近ではオンラインで提出できるようになりましたが、以前は郵送していました。家の近くの郵便局が土日で閉まっているときは、わざわざ一駅遠くにある、土日でも取り扱いのできる郵便局に行くこともありました。早く書類が提出できるのであれば、多少の身体的コストは厭わないというわけです。

これは、我ながらとても非効率的な行動です。まだ締め切りは先なのだから、週明けまで待って近くの郵便局に行けば済むことなのに、わざわざ往復に時間も身体的なコストもかかる隣駅の郵便局まで出しに行くのですから。

前倒しの現象は、私たちの行動のデフォルト、いわば自動的な反応であるともいわれています。このことは、先ほどのフルリエらの実験からも明らかです。できるだけ早くにそのタスクや行動にとりかかろうとする前倒しは、意識的、もしくは意図的に行われるというよりも、直感的で素早い意思決定や判断のもと行われるのです。このことは、ヒューリスティック（heuristic：経験による）とも表現されます。

次は、前倒しが本当にヒューリスティックであるかどうかを検討したフルリエらの別の実験を紹介します（図表3－3）[3]。この実験では、これまでと同様、スタート地点に近い位置と、ゴール地点に近い位置にバケツが置かれています。ただし、2つのバケツのなかには複数のピンポン玉が入っています。

参加者は、いずれかの選択したバケツを手に取り、そのバケツをゴール地点まで運びます。参加者の半数（Aグループ）は、ゴール地点まで運んだバケツのなかのピンポン玉を、あらかじめゴール地点に設置されている空のバケツに一気に注いで移し替えるよう指示されます。もう半数の参加者（Bグループ）は、ゴール地点まで運んだバケツのなかのピンポン玉を、ゴール地点の空のバケツに1つずつ移し替えるよう指示されます。つまり、一気にピンポン玉を注ぐか、1つずつピンポン玉を移すかの違いです。それが終わると、ピンポン玉をすべて移し終えて空になったバケツを持って、一度スタート地点に戻ります。

その後、2周目をスタートします。先ほど選ばなかった残りのバケツについても同様に手に取り、ゴール地点でピンポン玉を一気に注ぐ、もしくは1つずつ移し替え、空になったバケツを再びスタート地点に運びます。

このようにして、2つのバケツを1回で運ぶのではなく、2回に分けて運ぶよう指示されます。なお、バケツに入っているピンポン玉の量は多い場合と少ない場合があります。当然ながら、一気にピンポン玉を注ぐか、1つずつピンポン玉を移すかとでは、タスクにかかる時間が大きく異なります。

この実験で、そのタスクを早くに終わらせたいと思うのであれば、ピンポン玉を一気に注ぐ人たちはスタート地点から近い位置のバケツを先に選択するでしょう。しかし、1つずつ移し替える人たちはどうでしょうか。近い位置のバケツに入っているピンポン玉の数が少ない場合は近くのバケツを先に選択するかもしれませんが、近い位置のバケツに入ったピンポン玉の数が多い場合は、移し替えに多くの時間を費やすことになるため、あえて近くにあるバケツを選択しようとはしないはずです。

一方で、そのタスクを早めに終わらせようとするのではなく、早めにとりかかることを優先するのであれば、話は変わってきます。めざしているのはタスクの完了ではなく、とりあえずタスクに早めに着手することなので、ピンポン玉の数や、移し替える方法の違いにかかわらず、参加者は近くのバケツを先に選択するでしょう。

結果は、ピンポン玉を一気に注ぐか、1つずつ移すかに関係なく、多くの人はスタート地

図表3-3　フルリエのピンポン玉実験

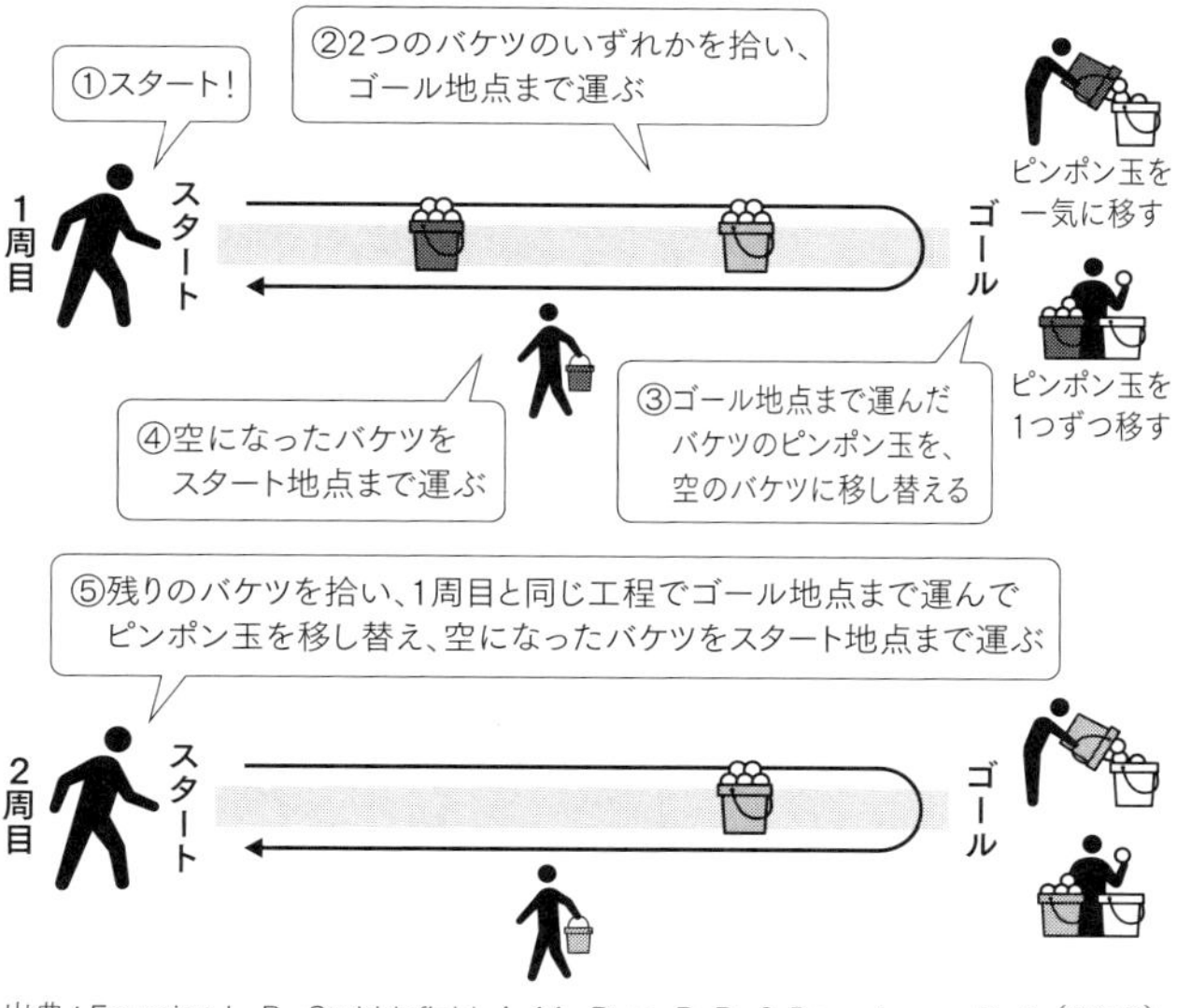

出典：Fournier, L. R., Stubblefield, A. M., Dyre, B. P., & Rosenbaum, D. A.（2019）.「Starting or finishing sooner? Sequencing preferences in object transfer tasks.」を参考に筆者作成

点に近いバケツを最初に拾うというものでした。しかも、近くのバケツに入っているピンポン玉の数が多かったとしても、多くの参加者は近くのバケツを先に選択していたのです。

このことは、予備的なタスクをできるだけ早めに「完了させたい」がために前倒しが起こるのではなく、そうしたタスクにできるだけ早めに「とりかかりたい」とする点に、前倒しの特徴があることを意味しています。実際に、参加者に対してなぜ近くのバケツを先に選択したのかを尋ねてみると、「その方が早いから」「簡単だから」といった回答が返ってきました。必ずしも熟慮したうえで選択しているというわけではないのです。

つまり、認知的な負荷を最小限に抑えるために、できるだけ早く予備的なタスクにとりかかろう、先にやっておこうとする過程には、ヒューリスティックな意思決定や判断が下されていたといえるわけです。

予備的なタスクを、頭や心のどこかに留めておくというのは、それ自体が認知的な負担となります。そこで、直感的かつ自動的に、認知的な負荷から頭を解放させることによって、後に起きるかもしれないことに頭や心を集中させたり、適切な準備をしたりするというのが、前倒しという現象の本質のようです。

3-4. 最終状態の快適性効果

ところで、ローゼンバウムらの研究グループは、前倒しの現象を発表する以前から、次のような現象に注目していました。それは、「最終状態の快適性効果」と呼ばれるものです[4]。簡単にいうと、「後がラクになるように、めんどうなことを先に済ませよう」という気持ちのことです。

ここで、バーでウェイターがグラスに水を入れている場面をイメージしてみてください。ワインのグラスホルダーに、グラスが逆さまの状態で吊り下げられているとします。そのグラスホルダーからグラスを手に取る際のウェイターの手の動きを想像してください。

おそらく、**図表3-4**の右の図のようにウェイターは親指（または親指側）を下にして、いわゆる快適でない掴み方でグラスを掴もうとします。しかし、最初にそのようにグラスを掴んでおくことで、グラスをひっくり返したときに、快適な状態でグラスに水を注いだり、グラスをテーブルに置いたりできるわけです。

この様子を見て、ローゼンバウムらは次のように考えました。ウェイターの最初の手の動きは不自然にもみえるが、後の状態を有利にするために、事前に不利な動きを取り入れるという意味で、実は適応的な方法なのではないか、と。

考えてみると、一般的に物を掴むときは親指側を上にしています。**図表3－4**の左の図のように、最初に快適な方法で親指を上にしたまま逆さまのグラスを手に取ると、その後グラスをひっくり返すときに、グラスを持ち替えるという別の動作が生まれることになります。[5]最終状態を快適なものにするために、最初に厄介なこと、または不自然な動作をしておく。そしてそれを厭わない。私たちはこのような動作を、日々の暮らしのなかで何気なく行っています。たとえば、車を駐車するときは、後で発進しやすいようにバックして入れる方が多いでしょう。これも最終状態を快適にするための判断といえます。後ろ向きの駐車には前向きよりも多少はややこしい運転操作が必要でも、その分、発進時の操作が楽になります。

ほかにも、「日経トレンディ２０２２年６月号」の「２０２２年上半期ヒット大賞」で特集された『ジョイめちゃ楽　逆さボトル』という商品があります。一般的な食器用洗剤のボトルは、洗剤の発射口が上になる形で置きますが、この商品は「逆さ」をキーワードに、口が下についた形で置くことができます。ボトルを持ったらそのまま、ひっくり返すことなく洗剤をスポンジにかけることができるのです。この商品は、最初に楽な持ち方をしたまま、最終状態も快適に！　という、「最初も最後も快適なデザイン」なのかもしれません（**図表3－5**）。

図表3-4　グラスの掴み方

親指を上にして掴んだ場合　　親指を下にして掴んだ場合

逆さまの物体を掴むとき、最初に快適な掴み方で持ち上げると、グラスを元の向きにするときに快適でない（左図）。最初に快適でない掴み方で持ち上げると、最終的には快適な掴み方になる（右図）。

出典：Rosenbaum, D. A.（2024）.「Cognitive Control of Action: Selected Works of David A. Rosenbaum.」を参考に筆者作成

図表3-5　筆者が愛用する食器用洗剤

筆者撮影

このように、最終状態を快適にするためには、ある程度先のことを考え、そこに狙いを定めて行動する必要があります。ローゼンバウムらは、この狙いを定めることも、前倒しの特徴に含まれるのではないかと考えました。

前節で示したような直感的でヒューリスティックな判断に加えて、狙いを定めるといった冷静さも、前倒しの特徴に含まれるのではないか。メールにすぐに返信するのも、直感的な判断に加えて、返信することでその事案について後で考える必要がなくなることのメリットを考慮した冷静な判断があってこそではないのか。このようなことを明らかにしたのが、ローゼンバウムらの研究グループが行った次の実験です。[6]

これまでの実験と同様、参加者はスタート地点からゴール地点までに置かれた2つのカップのいずれかを持ってゴール地点まで運びます。異なる点は、**図表3-6**に示したカップの置き方です。運んできたカップを、①ゴール地点に置かれた丸椅子の上に置く場合、②ゴール地点の丸椅子の上に置かれた小さなココット皿（耐熱容器）に置く場合、そして③ゴール地点の地面に置かれた小さなココット皿に置く場合の3パターンが設定されています。

ココット皿は、高さ約7センチ、幅が約13センチとやや小さいので、これまでの実験よりも難易度が高いといえます。①、②の場合、ゴール地点に設置されている丸椅子はだいたい

図表3-6　カップの置き方

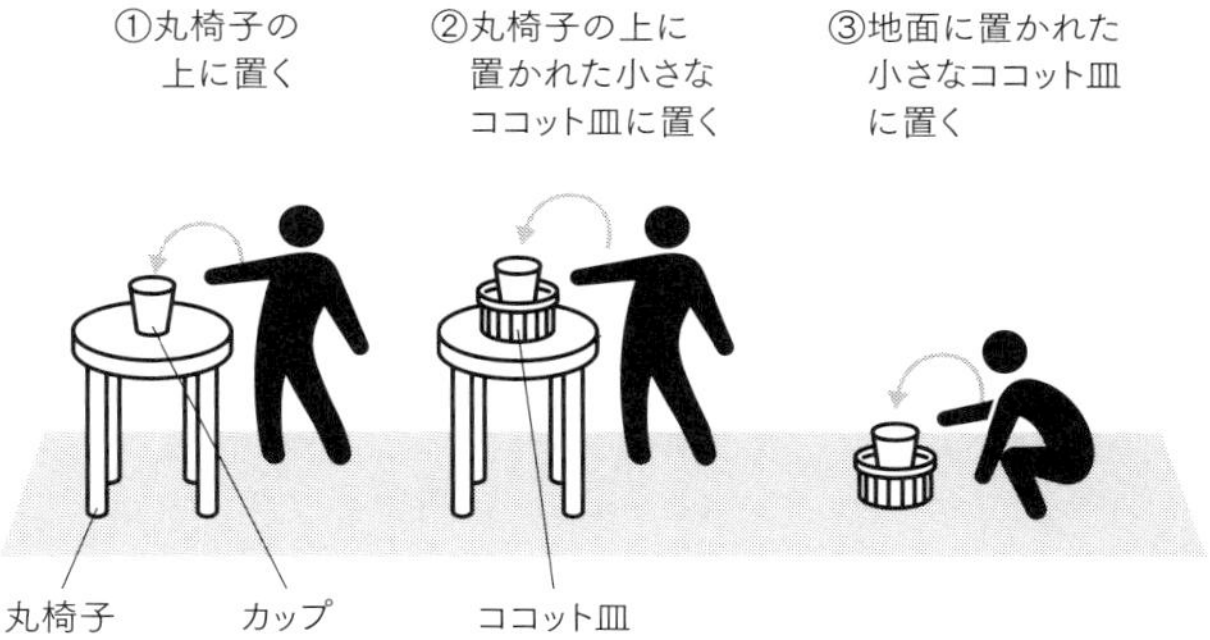

出典：Rosenbaum, D. A., & Sauerberger, K. S.（2019）.「End-state comfort meets pre-crastination.」を参考に筆者作成

参加者の中腰の高さ（約60センチ）です。③の場合は、ココット皿が地面に置かれているので、そこにカップを置くとなると、①、②に比べてよりかがんだ姿勢にならなければならず、難易度が上がります。

結果、参加者の多くは、地面に置かれたココット皿にカップを置くことになるのであれば、近くに置かれたカップではなく、遠くに置かれたカップを選択しました。そして、腰をかがめるのではなく、より簡単な行動、つまり腰の高さまである丸椅子の上に設置されたココット皿にカップを置くことを好んでいたというわけです。地面に置かれたココット皿にカップを置くとなると、歩いてきた後に一旦腰をかがめ、置き終わった後にまた元の姿勢に戻らなければなりません。これは、最終状態を快適にする行動とはいえないので、その状況では先に近い位置のカップを取るという選択をしなくなるわけです。

前倒しは、目の前にあるタスクにすぐにとりかかろうとするヒューリスティックな特徴に加えて、そのタスクの最終状態を快適にするための狙いを考慮するという冷静な特徴もあわせもつものといえます。直感的な判断だけでなく、その後の快適さを加味して戦略的な選択をしているのです。私たちは、認知的な負荷の軽減と同様に、後をいかに快適に過ごすかということにも敏感なのです。

4. 嫌いなタスクを最初にやるか、最後にやるか

さて、私にとって本書の執筆は、たくさんの認知的なエネルギーを必要とするタスクでした。しかし、本書の執筆中にも、さまざまなタスクが同時並行的に進んでいます。パソコンに向かって文章を入力しながらも、仕事のメールは届くし、スマホは鳴ります。

何かに集中しているときは、それ以外のタスクはシャットダウンできるという人もいますが、私は未読のメールやラインがある状態では、そのことがどうしても気になってしまい、認知的負荷となります。そのため、すぐに対応できる案件であれば、一旦執筆を止めて、で

きるだけ早めに処理しています。それによって、再度頭のなかをすっきりさせ、執筆を再開することができます。

こうした私のタスク処理法を、集中力が途切れてしまうのでは、と疑問視する人もいるでしょう。私としても、皆さんにおすすめしたいとは思いません。どのやり方が最適であるかは人によって違いますし、そもそも1つのやり方だけでタスクを処理するのは現実的ではありません。ですが、これまでの前倒しの研究やＣＬＥＡＲ仮説の検証を通して、最適なタスクマネジメントのヒントを考えてみることは可能です。

4－1．カエルは最初に食べるのが一番？

私たちにとって、複数のタスクを念頭に置くことは、パフォーマンスを下げる原因になります。少しでもタスクの数を減らしておくことで、特定のタスクに集中して取り組むことができます。

しかし、これまで紹介した実験では、前倒しで実施されるタスクは予備的なタスク、つまり比較的簡単なタスクであることが前提でした。前節で紹介したローゼンバウムらの研究でも、あまり負担にならないタスクであれば前倒しをするものの、タスクが困難になるにつれて前倒しは起こりにくくなることが示されています。その一方で、認知的な負荷を軽くしようとするのであれば、困難なタスクから片付ける方が効率的ではないかという考えもあります。[7]

こう考えると、結局のところ、簡単なタスクから先に片付けておいた方が効率的といえるのか、それとも難しいタスクからとりかかる方がよいのかという問いにたどり着きますが、この問いに対する絶対的な答えは得られていません。

たとえば、多くの方が、試験を受ける場面で「解ける問題から解きなさい」「解けない問題は飛ばして」といったアドバイスをされたことがあるかと思います。このアドバイス自体は間違いではありません。テストには制限時間があるので、できない問題に多くの時間を費やすよりも、まずは簡単で解ける問題から解いていく方が点数には直結するでしょうし、残りの時間を明確にしたうえで難しい問題にとりかかることができます。

また、簡単な問題を解くことで自信もつきます。逆にできないと思う問題からとりかかると自信がなくなってしまいますね。ＣＬＥＡＲ仮説をふまえると、時間のかかる難しい問題を解く前に簡単な問題を片付けておくことで、認知的な負荷を軽減させ、残りの時間は難しい問題に集中できるということになります。

一方で、これとは逆のことを主張する研究もあります。ウィーン大学のビーレックらは、数学の問題を簡単な問題から解いたときと、難しい問題から解いたときの感情を比較したうえで、必ずしも簡単な問題から解いた方が効率的とはいい切れないことを指摘しています。[8]

簡単な問題から解くことで試験の序盤には勢いがつきますが、最後に解けない問題があるという事実を念頭に置きながら問題を解き続けることになるので、むしろ不安や焦りなどは高まるという考えです。逆に、最初に難しい問題にチャレンジすれば、成功したという達成感や誇りにつながり、不安や焦りも軽減されて、最後まで効率的に時間を用いることができるというのがビーレックらの指摘です。難しい問題から挑むことが必ずしも非効率的とはいえないという主張もあるのです。

アメリカの作家、マーク・トウェインが残した言葉に「カエルは最初に食べるのが一番だ！」というものがあります。これはもちろんカエル食の推奨ではなく、困難なタスクとして「カエルを食べる」ことを例に、カエルを食べることは難しい、だからこそ、最初にその困難なタスクを片付けてしまうことをすすめているのです。つまり、最も困難なことを最初にこなすことで自信がつき、タスクの遂行が効率的になるという主張とほぼ同じです。ちなみに、カエルを食べることに対して、現在ではそこまで忌避されていない国や文化もありますが、当時のアメリカではカエルを食べることに対しては抵抗があったようです。

カリフォルニア大学のハバートらは、複数の実験を通して、実際にどのような順序でタスクにとりかかることで自信が高まるのかを明らかにしています[9]。一般的に、人は簡単なことからした方が勢いづくものだ、自信を高めるのには役立つ、と信じています。しかしハバートらは、そうした考えこそがタスクマネジメントをイメージする際の錯覚にすぎないと指摘したのです。

彼女らの実験の結果は、簡単なタスクからはじめて難しいことを後回しにするよりも、難しいタスクからとりかかった方が自信が高まる、つまり先ほどの「カエルは最初に食べるのが一番」という考え方を支持するものでした。どのようにタスクを片付けていけば自信が高まるかについて、人々がもっていたイメージと、実際にやってみるのとではズレが生じていたわけですね。

「どのタスクからやるべきか」という問いは、多忙な現代社会を生きる私たちにとって切実です。効率的なタスクの進め方や取り組み順序などが、多くの文献や書籍で理論化され、「この方法なら必ず成功する！」などと謳った書籍が何冊もベストセラーになっていることからも明らかです。しかし、これまでの研究を概観してみるだけでも、この問いに対して唯一の回答を見出すことは難しいことがわかります。

結論としては、その人に合った方法で、とか、タスクに応じて臨機応変に、などとまとめることもできます。しかし、それでは逃げの回答のような気がします。

そこで、次節では簡単なタスクからとりかかるか、難しいタスクからとりかかるかを、どのような状況によって使い分けるのかについて考えていきます。

4－2．「締め切りまでの時間の長さ」で切り替える

何をもってタスクの遂行の順序を切り替えるとよいのか、その1つとして私が考えるのが「タスクの締め切りまでの時間の長さ」です。

ほとんどのタスクには締め切りがあり、短い場合には「今日の17時まで」、長ければ「今月中に」といった期限が設けられています。仕事の内容によっては、締め切りまでの時間が年単位ということもあります。テスト問題を解くというタスクには概ね60～100分などの制限時間が定められていますし、卒業論文に取り組む学生は、締め切りまで数ヶ月の時間が与えられることもあります。

ここでの締め切りまでの時間の長さの違いは、あくまで個々がかかえている複数のタスク

の相対的な比較にもとづくものです。たとえば、「締め切りまでの時間が24時間までが短く、それ以上は長い」のように画一的に扱えるわけではありません。

そこで私は、締め切りまでの時間の長さの違いによって、タスクに取り組む順序が変わるかどうかを検証する実験を行いました。[10] 簡単なタスクから片付けていこうとする背景には、認知的な負荷を軽減させようとする意識がありました。こうした意識は、タスクが増えるほど高まるでしょう。

たとえば、締め切りまでの時間が長くて難しい仕事があり、それに関わるさまざまなタスクがある場合、「とりあえず」処理できそうな簡単なタスクを片付けることで、わずかにでも認知的な負荷が軽減されます。そして、認知的な負荷を軽減させることで、タスク全体を完了させるためのおおまかな見通しをもつことができたり、その後に残された時間を難しいタスクに費やしたりすることができるでしょう。そのため、この場合は簡単なタスクからとりかかる方が自信を高めるのには有効であると予想しました。

一方で、仕事の締め切りまでの時間が短く、期限が差し迫っている場合ではどうでしょうか。簡単なタスクから片付けていくことが有効であることは変わらないものの、比較的すぐに難しいタスクをやらなければならなくなります。そのため、後から嫌な思いをしたくないと思えば、困難なタスクからとりかかっておいた方が効率的で、自信を高めるのに有効な場合があります。締め切りが近く、ある程度先を見通せる状況であれば、難しいタスクからさっさと片付けてしまおうと思う人もいるでしょう。

そこで、締め切りまで「1ヶ月」のレポート課題やタスクが、好きなものと嫌いなものの2種類ある状況を想定した実験を行いました。参加者の社会人と大学生に、まずどちらの種類の課題またはタスクからはじめるかを選択してもらいました。続いて、締め切りまで「1週間」のレポート課題やタスクが、好きなものと嫌いなものの2種類ある状況を想定してもらい、同様の質問をしました。同時に、課題やタスクに対する自信の高さも尋ねました。

結果、締め切りまでの時間が長いときには好きな課題やタスクから、短いときには嫌いな課題やタスクからはじめている人たちの方が、タスクに対する自信が高い傾向にありました。この研究結果は、どのようなタスクマネジメントが有効であるかが、状況によって変わることを示唆するものです。そのときのタスクを取り巻く状況が影響を与えているともいえるでしょう。

5. 前倒しは新しくない？

２０２２年に新語大賞を受賞したタイパという言葉は、Ｚ世代を中心にすっかり定着してきました。日々、無限の更新をくり返す膨大な情報のなかから、知りたい情報をスマホやパソコンを通して瞬時に検索できる現代において、いかに効率よく情報を集めて目の前のタスクを処理するかは、重要な課題です。今、前倒しという概念が大きな注目を集めているのは、コスパやタイパが重要視される時代だからかもしれません。

しかし、この概念を提唱した研究者らは、学術界においてこれまで注目されてこなかっただけで、前倒しは人間にとって長らくなじみ深い現象だったのではないかと考えています。前倒しの源泉は、「今日できることは明日に回さない」という教訓として、古くから人間の行動にしみついていたと推測しているのです。

明日やその先の未来に何が起こるかは、今も昔も、だれにもわかりません。前倒しという現象は、私たちに歴史を超えた教訓を伝えているのかもしれません。

1 Rosenbaum, D. A., Gong, L., & Potts, C. A. (2014). Pre-crastination: Hastening subgoal completion at the expense of extra physical effort. Psychological Science, 25 (7), 1487-1496. https://doi.org/10.1177/0956797614532657

2 Fournier, L. R., Coder, E., Kogan, C., Raghunath, N., Taddese, E., & Rosenbaum, D. A. (2019). Which task will we choose first? Precrastination and cognitive load in task ordering. Attention, Perception, & Psychophysics, 81 (2), 489-503. https://doi.org/10.3758/s13414-018-1633-5

3 Fournier, L. R., Stubblefield, A. M., Dyre, B. P., & Rosenbaum, D. A. (2019). Starting or finishing sooner? Sequencing preferences in object transfer tasks. Psychological Research, 83 (8), 1674-1684. https://doi.org/10.1007/s00426-018-1022-7

4 Rosenbaum, D. A., Marchak, F., Barnes, H. J., Vaughan, J., Slotta, J. D., & Jorgensen, M. J. (1990). Constraints for action selection: Overhand versus underhand grips. In M. Jeannerod (Ed.), Attention and performance 13: Motor representation and control (pp. 321-342). Routledge.

5 Rosenbaum, D. A. (2024). Cognitive Control of Action: Selected Works of David A. Rosenbaum. Routledge.

6 Rosenbaum, D. A., & Sauerberger, K. S. (2019). End-state comfort meets pre-crastination. Psychological Research, 83 (2), 205-215. https://doi.org/10.1007/s00426-018-01142-6

7 VonderHaar, R. L., McBride, D. M., & Rosenbaum, D. A. (2019). Task order choices in cognitive and perceptual-motor tasks: The cognitive-load-reduction (CLEAR) hypothesis. Attention, Perception, & Psychophysics, 81, 2517-2525. https://doi.org/10.3758/s13414-019-01754-z

8 Bieleke, M., Goetz, T., Krannich, M., Roos, A. L., & Yanagida, T. (2023). Starting tests with easy versus difficult tasks: Effects on appraisals and emotions. Journal of Experimental Education, 91 (2), 317-335. https://doi.org/10.1080/00220973.2021.1947764

9 Habbert, R., & Schroeder, J. (2020). To build efficacy, eat the frog first: People misunderstand how the difficulty-ordering of tasks influences efficacy. Journal of Experimental Social Psychology, 91, 1-14. https://doi.

org/10.1016/j.jesp.2020.104032
10 Adachi, M. (2023). High self-efficacy and precrastination: Task order choices based on deadline proximity. Journal of Educational and Developmental Psychology, 13 (2), 113-119. http://doi.org/10.5539/jedp.v13n2p113

コラム③——亀？　忍者？　それとも浪費家？

1章で、大学生の約半数が先延ばしを経験したことがある、とお伝えしました。[1] 大学生のレポートの先延ばしの実態や改善については、多くの研究知見が蓄積されてきましたが、これからは、前倒しという新たな現象の実態に着目する研究も増えていくことでしょう。

ウィチタ州立大学のバングスネスらの研究グループは、約8600名分の大学生のレポートの提出状況に関するデータを収集し、タスクをはじめるタイミング、完了するタイミング、そしてペース配分までを緻密《ちみつ》に分析したうえで、次の3つのパターンがあることを明らかにしています。[2,3]

1つ目が、締め切りまでの時間をコンスタントに用いて、ほぼ一定のペースでコツコツ取り組む堅実な働き者（亀）タイプです。このタイプが全体の約6割を占めます。2つ目が、3章で取り上げた通り、早めにタスクにとりかかり片付けようとする前倒し（忍者）タイプです。このタイプは全体の約2割。そして3つ目が、締め切りギリギリになって完了させようとする先延ばし（時間の浪費家）タイプで、このタイプも全体の約2割です。

図表3-7　タイプ別　締め切りに向けた作業時間

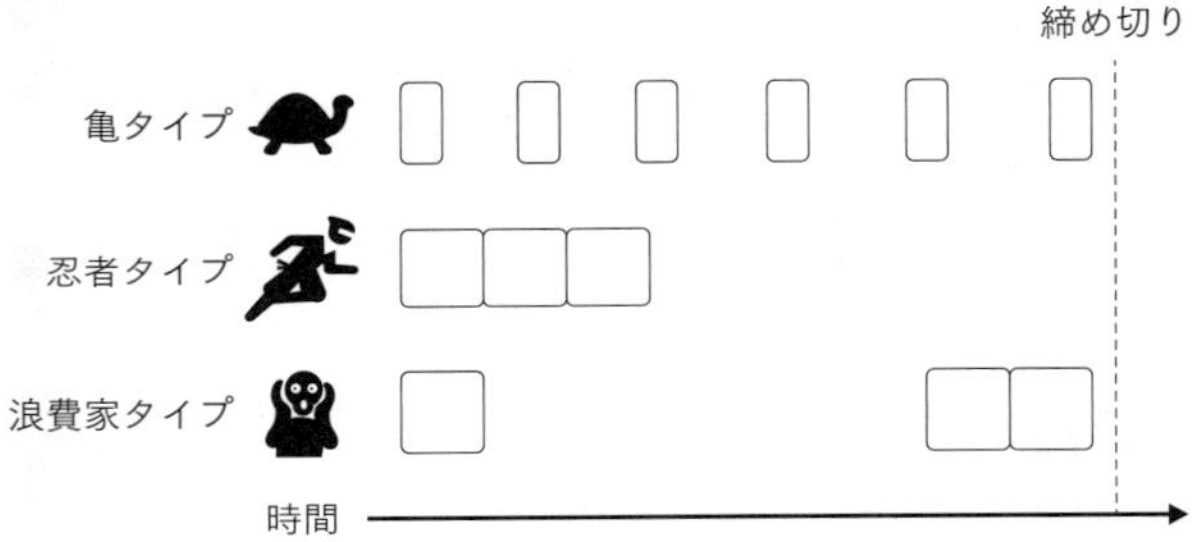

亀タイプ、忍者タイプ、時間の浪費家タイプが、締め切りに向けて作業する際に、どのように異なるパターンのタスク完了を行うかを示す模式図

出典：Vangsness, L., & Young, M. E.（2020）.「Turtle, task ninja, or time waster? Who cares? Traditional task-completion strategies are overrated.」を参考に筆者作成

成人のうち、2割近くの人が慢性的に先延ばしをしているという報告もありますが、それ以外の人のタスクマネジメントに注目すると、こうした結果が得られるかもしれませんね。[4]

前倒しや先延ばしのように、先か後かに集中してやるだけでなく、一定のペースで分散して取り組むことも、働き方においては重要なことかもしれません。

皆さんは、どのタイプですか？

1　Solomon, L. J., & Rothblum, E. D. (1984). Academic procrastination: Frequency and cognitive-behavioral correlates. Journal of Counseling Psychology, 31 (4), 503-509. https://doi.org/10.1037/0022-0167.31.4.503

2 Vangsness, L., Voss, N. M., Maddox, N., Devereaux, V., & Martin, E. (2022). Self-report measures of procrastination exhibit inconsistent concurrent validity, predictive validity, and psychometric properties. Frontiers in Psychology, 13, 1-15. https://doi.org/10.3389/fpsyg.2022.784471

3 Vangsness, L., & Young, M. E. (2020). Turtle, task ninja, or time waster? Who cares? Traditional task-completion strategies are overrated. Psychological Science, 31 (3), 306-315. https://doi.org/10.1177/0956797619901267

4 Harriott, J., & Ferrari, J. R. (1996). Prevalence of procrastination among samples of adults. Psychological Reports, 78 (2), 611-616. https://doi.org/10.2466/pr0.1996.78.2.611

4章

前倒しとセルフコントロール

前章で、人間の前倒し行動の背景には、時代や社会の要請などの外部要因があることをお伝えしました。しかし、同時代を生きるすべての現代人が、前倒しばかりしているわけではありません。前倒し傾向には、個人の性質という内部要因も関連すると考えられています。

本章ではセルフコントロールの観点から、どのような人が前倒しをしやすいのかを考えていきます。

1．前倒ししやすい人の特徴

前倒しについての研究が重ねられるうちに、前倒しをしやすい人というのは、異なるタスクや状況においても一貫して前倒しをしやすい傾向にある、という見解が現れはじめました。前倒しをしやすい人、しにくい人という個人差があるという見解です。

ただ、前倒ししやすい人のパーソナリティについては、現在もさまざまな研究が行われている最中で、先延ばしのそれに比べると知見が十分に蓄積されているとはいえません。なかには、一貫した主張になっていない知見もあります。そのため、現時点では「〇〇な人が前倒ししやすい」と明確に断定することはできないということを念頭に置いて読んでいただければと思います。

1-1.「考えることを楽しむ人」は前倒しをしにくい？

最初に検討された前倒しの原因は、ワーキングメモリの違いでした。ワーキングメモリとは、必要な情報を一時的に保持したり処理したりするための脳の機能を指し、日本語では「作業記憶」といわれます。もともとはコンピュータのメモリの働きに使われていた言葉ですが、人の一時的な記憶機能にも使われるようになりました。

突然ですが、ここで計算問題です。紙やペン、電卓などを一切使わず、暗算してください。「35×8」はいくつでしょう。

多くの人は、まず5と8をかけ合わせ、くり上がりの桁の情報を保持しながら、3と8のかけ合わせを行い、最終的に280という答えにたどり着いたかと思います。この暗算において、「頭のなかでくり上がりの桁の情報を保持しつつ違う部分の計算を行う」という過程で、ワーキングメモリが機能しています。

ほかにも、ウェブサイトにログインするときに求められる二段階認証の入力などでも、ワーキングメモリを使っています。クレジットカード番号を入力したり、個人アカウントやパスワードを入力したりする際に、本人確認のための番号がメールに送られてきて、その入力を求められることがありますね。このときにも、一旦その番号を別の紙にメモしたり、パソコンの別ウィンドウやスマホで確認しながら入力したりすることもできますが、一度その番号を覚えて、頭のなかで復唱しながら入力することもあるでしょう。ワーキングメモリの働きには、数字の計算や暗記だけでなく、見たり聞いたり話したりなどの言語情報なども含まれます。

このワーキングメモリの容量には、個人差があります。ワーキングメモリの容量が大きい人は小さい人に比べて、状況やタスクの難易度に応じて、行動を切り替えることが容易です。この傾向に着目したのがラグナスらの研究グループです。彼女らは、ワーキングメモリの容量の個人差と前倒しとの関連に着目した研究を行いました[1]。

実験方法は3章で紹介したフルリエらの実験（**図表3－2など**）を概ね踏襲し、参加者に数字記憶課題を実施したり、カップに入った水の量を満杯にしたりしながらカップを運んでもらいました。そして、予備的なタスクへの認知的負荷を増やした場合、ワーキングメモリの容量が大きい人は、スタート地点の近くにあるカップを自動的に選択するという前倒し行動を控えるのに対し、ワーキングメモリの容量が小さい人は、前倒しをする確率が高いだろうと予想しました。ワーキングメモリの容量の大きい人は、タスクの状況や効率を加味して判断していると考えたのです。

ちなみに、このワーキングメモリの容量の測り方については、さまざまな方法があります。この研究では計算課題（計算式を暗算）と単語の記銘課題（ランダムなアルファベットの文字を示された順に記銘）を交互に行い、その後に記銘した単語を順に再生できた数を計測する方法が用いられています。

実験の結果、ワーキングメモリの容量の大きい人の場合、近くのカップが満杯でないときには近くのカップを選択する傾向が強いのですが、近くのカップが満杯だと、その傾向が弱くなることが明らかになりました。やはり、ワーキングメモリの容量の大きい人は、意思決定の際、比較的負担の大きくなることは避けようと、より冷静に判断している可能性がありそうです。

一方で、ワーキングメモリの容量の小さい人は、認知的な負荷がかかっているかどうかにかかわらず、遠くのカップを選ぶ傾向がみられました。つまり、必ずしもワーキングメモリの容量の小さい人が、即座に近くのカップを選んでいるわけではなかったのです。

両者の結果をあわせて考えると、この研究から、前倒ししやすいかどうかにワーキングメモリの容量が明らかに影響しているとはいえそうにありません。むしろ、ワーキングメモリの容量の個人差よりも、どれだけカップを運ぶことを「考えていたか」の方が、前倒しのしやすさに関わっていました。

　参加者に、それぞれのカップを選択した理由を尋ねてみると、前倒しをする、つまりスタート地点に近いカップを先に選択した参加者は、「そのことについてはほとんど考えていなかった」のように、タスクの状況や効率を考えることなく近いカップを選んでいました。つまり、前倒しという行動そのものが自動的に行われていたのです。

　一方で、遠くのカップを先に選択した参加者は、「効率的な方を選んだ」と回答していました。ちなみに、効率的かどうかをどれくらい「考えたか」ということと、ワーキングメモリの容量の個人差が関連しているという結果も得られませんでした。つまり、前倒しはその人が目の前のタスクを「考えるかどうか」によって決まるところが大きいというわけです。

　自動的に前倒しをする人もいれば、効率を考えたうえで前倒しをしない人もいる。いたって当然のことのようですが、前倒しをしやすい人の特徴を探るうえでは、非常に有用な知見です。「考えること」を楽しむ人は前倒しをしにくいけれど、「考えること」を楽しまない人は前倒しをしやすいともいえるかもしれません。

　考えることを楽しむのを放棄する、あるいは後のことを考えずに、ただ目の前にあるタスクから解放されるために矢継ぎ早に処理するのは、極端な前倒しといえるでしょう。この実験結果は、前倒しのし過ぎに警鐘を鳴らすものでした。

1−2．急いては事をし損じる

前倒し自体は悪いことではありませんが、前倒しによって発生するコストがあまりに大きい場合や、タイミングとして明らかに最適ではない場合にも常に前倒しをするようであれば、注意が必要です。後のことを考えずに早めに着手することが、ときに新たなコストやトラブルを生んでしまうこともあります。

たとえば、冷蔵庫のストックをきちんと把握しないまま食料品の買い物に行けば、帰宅後に「まだあったのにまた買ってしまった」「本当に必要なものを買ってこなかった」と気付き、後悔することがあるでしょう。普段から衝動的に買い物をする人であれば、その可能性は高まります。

また、夕食の後片付けをするシーンにおいて、翌日の朝のゴミ出しをしやすいように早々にゴミをきっちりとまとめておいたところでまたゴミが出て、早めにゴミをまとめ過ぎることのせっかちさを指摘される、といったこともあるでしょう。あげていくとキリがありませんね。

ちなみに、この2つの例は、私が夫によく指摘されることです。あまりに早くからタスクにとりかかることで、二度手間になる、もしくはその失敗を軌道修正するために、かえって多くの認知的、身体的、さらには金銭的なコストを背負うことになるのです。

1－3．パーソナリティのビッグファイブ（Big Five）と前倒し

次に、ワーキングメモリとは少し違った切り口から、前倒しとパーソナリティ（人格）との関連をみていきましょう。まずはその導入として、人のパーソナリティを5つの特性に分類する「ビッグファイブ（Big Five）」を紹介します。

人のパーソナリティにはいくつかの特徴的な側面があります。心理学では、この側面のことを特性という言葉で表現します。このさまざまな特性を、次の5つに分類したものがビッグファイブです（図表4－1）[2]。

ビッグファイブの歴史は、1930年代まで遡ります。そもそもパーソナリティとは、その人を特徴づけるさまざまな行動傾向や感情の特徴の個人差を指します。そして、この個人差は比較的変化しにくく、時間や場所を超えて一貫しているものと捉えられます。

図表4-1　ビッグファイブの5つの基本特性と特徴

	特徴
①外向性（Extraversion）	周りの人や環境からの刺激を求めるなど、積極的で活動的（例：話し好き、陽気など）
②情緒不安定性（Neuroticism）	ストレスに敏感で、不安を感じやすい（例：心配性、神経質など）
③開放性（Openness）	新しいものに興味をもちやすく、想像力が豊か（例：独創的、多才など）
④誠実性（Conscientiousness）	勤勉で、目標の遂行に忠実（例：几帳面、計画性のあるなど）
⑤調和性（Agreeableness）	親しみやすく、協力的（例：親切、温和など）

出典：和田 さゆり（1996）.「性格特性用語を用いた Big Five 尺度の作成」を参考に筆者作成

アメリカの心理学者オールポートらは、性格に関する約４０００語の特性用語を抽出し、それらを分類しながらパーソナリティの特性論を展開しました。[3] 以降、１９８０年代にかけて、性格特性用語の分類、構造の解釈などの検討を通じ、パーソナリティは５つの基本特性にまとめられました。そして、それらの特性の組み合わせによって個人差を捉えるビッグファイブの考え方が、次第に定着していきました。

ちなみにこのビッグファイブは、心理学のみならず性格診断などにも広く使われています。ご自身の特性について詳しくチェックしてみたい方は、コラム④（１７９ページ）に掲載した測定法を試してみてください。

さて、このビッグファイブと、前倒しのしやすさとの関連を調べたドイツのヘルムート・シュミット大学のゲーリックらの研究では、誠実性と前倒しとの関連が指摘されています。[4]

この関連をどう解釈するかは難しいところですが、誠実性が高いがゆえに、できるだけ早く仕事を進めようとする意志と結び付いているのかもしれませんね。

この研究では、情緒不安定性と前倒しとの関連もみられていますが、その関連は非常に小さなもので、一貫した答えは得られていません。また、外向性や調和性との関連を視野に入れることも検討されていますが、これについても結果は一貫していません。前倒すという行動が、社交的であるためなのか、もしくは自分の意志によるものなのかは状況によりけりですので、その関連は一貫しないのかもしれません。こうしたそれぞれのパーソナリティとの関連について、ローゼンバウムらもその理由は明確でないと指摘しています。

さらにいえば、ワーキングメモリとの関連を扱った前節の研究では、「考えること」を楽しまない人は前倒しをしやすいと考察していましたが、誠実性との関連がみられた知見とはやや矛盾するような気もします。

前倒し派の人のなかには、深く考えずに自動的にさっさとタスクに着手する面と、真面目で勤勉だからこそ早くから仕事を進めようとする面が、共存しているのかもしれません。

2. 前倒しとセルフコントロール

ここで、前倒しがなぜ生じるのか、これまでの研究をふり返ってみましょう。私たちは、頭を空っぽにしたりすっきりさせたりすることに対して敏感で、自動的な反応として前倒しを行います。それに加えて、後のことをふまえたうえでも前倒しを行います。つまり、自動的に反応する側面と、冷静に判断する側面をあわせて、前倒すという判断をしているといえます。

さて、1章で解説したセルフコントロールのことを思い出してみてください。セルフコントロールとは、目の前にある欲求や誘惑を我慢し、後のことを考えて判断・行動することでした。後で楽をするために今現在のコストを惜しまないという前倒しの考え方と、セルフコントロールの間には、何らかの関連がありそうです。さらに、後で楽をするためには余分に発生するコストを厭わないという点で、忍耐力も必要とされるかもしれません。

先延ばしは、目の前の短期的な欲求に抵抗できず、タスクから逃れようとした結果、セルフコントロールに失敗することで生じます。一方の前倒しは、後で嫌な思いをしたくない、後で楽をしよう、のように未来や将来のことを考える長期的な視点に立った行動といえ、セルフコントロールに成功することで生じると考えられます。

2―1．日常生活での前倒し調査

本書で紹介してきた前倒しについての実験は、基本的に「ある場所にセッティングしたバケツやカップを運ぶ」というやり方を踏襲しています。これらは、実験室や実験状況といった操作された環境で、実験への参加に同意した参加者に指示を出しながら、その行動を測定するという非日常的な方法といえます。前倒しが日常生活に密接に関わる現象なのであれば、それが実生活で本当に観察される現象なのかを知りたいところです。

そこで私は、次の2つのシナリオを用いたアンケート調査を行いました[5]。

1つ目は、運転免許証の更新です。運転免許証には有効期限があり、一般的には5年に一度、更新のための講習などを受ける必要があります。更新時期は、有効期限が満了となる直前の誕生日の1ヶ月前から1ヶ月後までです。つまり約2ヶ月の間に、運転免許センターなどに赴いて更新手続きをしなければなりません。もし更新しなければ、その運転免許証は失効してしまいます。

そこで、運転免許証を保有する人たちを対象に、次のような場面を想像して答えてもらうアンケート調査を行いました。《運転免許証の更新時期を知らせるハガキが届きました。明日から2ヶ月後までに更新しなければなりません。免許証の更新には、『今週中』に行きますか？　それとも『更新期限の直前』になってから行きますか？》

さらに、次の文章を加えて、最初と同じ質問に答えてもらいました。《ただし、『今週中』に行くと、免許証の更新のために自宅から遠く離れた場所まで行かなければなりません。免許証の更新には、『今週中』に行きますか？　それとも『更新期限の直前』になってから行きますか？》さらに、免許証の更新に行くことをどれくらい負担に感じるかを尋ねました。

2つ目は、歯の治療についての質問です。最近では、国民皆歯科検診がニュースに取り上げられる頻度も増え、定期検診を意識することも増えたかもしれませんが、歯科への通院は億劫になりがちなタスクの1つです。

このシナリオでは、次のような場面を想定してもらいました。《あなたは現在、虫歯治療のために歯科に通っています。今のところ歯の痛みはありませんが、明日から2週間以内に、やや痛みを伴う治療を受けなければなりません。あなたはどのタイミングで治療を受けたいと思いますか？》

なお、治療を受けるタイミングによって、痛みや治療の効果に変化は生じないことを伝えています。また、治療に対する恐怖の度合い、実際の歯科への通院状況も回答してもらいました。そして、どちらの調査でもセルフコントロールの高さを測定しています。

では、さっそく結果をみていきましょう。

2-2. 前倒しとセルフコントロール——誘惑への抵抗力の観点から

まず、運転免許証の更新について、105名の方からの回答を得ることができました。できるだけ早めに更新したいという人は57名、期限直前に更新したいという人は14名、どちらでもないとした人は34名でした。一定数の人に、前倒しの傾向がみられますね。

しかし、早い時期に更新に行くと自宅から離れたところに行く必要が生じる場合は、できるだけ早めに行きたい人が42名、期限直前に行きたい人が30名、どちらでもないとした人が33名となり、やはり遠くに行くという身体的コストを払ってまで早めに行きたいと思う人の数は減少することがわかります。

バケツ運びの実験と同様に、タスクに伴うコストが大きくなる状況では、わざわざそのコストを犠牲にしてまで前倒すという現象は生じにくいといえます。そして、そもそも更新に行くことを負担に感じている人ほど、更新に行くことを後回しにしていることもわかりまし

図表4-2　運転免許証の更新に行くタイミング

セルフコントロールが低い人は課題や仕事にコストがかかると後回しにするが、セルフコントロールが高い人はコストがかかっても後回しにしない。

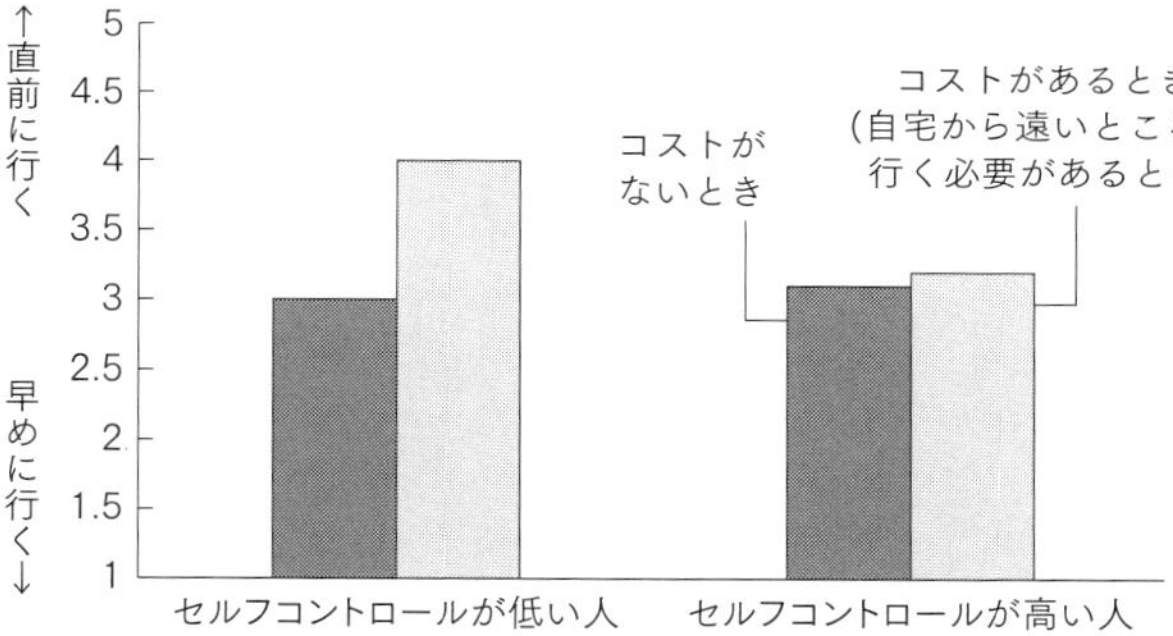

出典：Adachi, M., & Adachi, K.（2024）.「Procrastination and precrastination from the perspective of self-control.」より

た。

この調査結果で注目すべきポイントの1つは、セルフコントロールの高い人ほど、自宅から離れたところに行くことになる場合でも、早めに更新に行くと回答していたことです。つまり、身体的コストを犠牲にしてまで早めにタスクにとりかかるという判断には、少なからずセルフコントロールが影響していることが示唆されたのです。

図表4－2をご覧ください。縦軸は、どのタイミングで更新に行くかを表しています。値が大きいほど直前に行く（先延ばす）、値が小さいほど早めに行く（前倒す）ことを表しています。まず左

側のセルフコントロールの低い人たちは、早めに更新に行くと自宅から遠いところまで行く必要が生じる場合は、期限直前に行くと回答を変更、いわば延期しようとしています。一方、右側のセルフコントロールの高い人たちは、たとえ余計なコストがかかったとしても、早めに行くという意志を変えていないことがわかります。

次に、歯科治療の質問についての結果をみてみましょう。98名中、なるべく早く治療を受けたいという人が82名、できるだけ遅くに受けたいという人が5名、どちらでもないと回答した人が11名でした。ほとんどの人が、痛みを伴う治療をできるだけ早く受けることを望んでいるといえますね。

また、痛みを伴う治療を恐れる人ほど、治療をできるだけ遅く受けたいと回答していました。さらに、実際に現在歯科に通っていない人ほど、治療をできるだけ遅く受けたいと回答していました。めったに歯科に通わない人にとって、痛みを想像できないことは不安を増大させ、歯科受診を先延ばす可能性を示唆しています。

この研究からわかったことをまとめます。まず、運転免許証の更新については、多くの人が早めに更新しようとしていました。しかし、そのタスクのために長い距離を移動しなくてはならないという身体的なコストがかかったり、タスクを負担に感じたりすると、前倒しの傾向は弱くなります。こうした身体的なコストが加わった際に前倒しを行うのには、セルフコントロールが影響力をもつことが示されました。

つまり、余計に発生するコスト、ここでは長い距離を移動するという大変めんどうなコストをコントロールすることが、前倒しには必要といえるのかもしれません。

次に、歯の治療については、多くの人が痛みを伴う治療を前倒しにすることがわかりました。これは、2章でみたように、苦手なタスクがトリガーとなり、恐怖や痛みを最小化した結果の前倒しかもしれません。しかし、恐怖や不安を強く感じると、前倒しの傾向は弱くなることがわかりました。歯科にあまり通院していない人は、日頃から定期的に歯科に通院している人や、実際に歯の治療を受けている人よりも、痛みに対して未知な部分が多く、具体的に想像することは困難なはずです。想定ができないこと、不確実なことであればあるほど、恐怖や不安は強くなります。

前倒しをするためには、最終状態を快適にするための狙いを定めることが必要です。最終状態を確実に見通すことができるとき、いわばタスクが簡単なときには前倒しをするものの、そうでないとき、つまりタスクへの不確実さが増している状態では、前倒しの現象は起こりにくくなるとも考えられます。ただし、これらを明らかにするためには、タスクに対する確実性に着目した検討が必要です。

ちなみに私の場合、運転免許証はもちろん「なる早」で更新します。私が現在住んでいる地域には、複数の更新場所があり、更新の期間内にいずれかの場所で更新すればこと足ります。ただし、更新場所によって受付可能な時間が異なるので、どの場所で更新するのが最適かは、日によって異なる可能性があります。私は典型的な前倒し人間ですので、多少遠くても、都合をつけたうえで、最も早く更新ができそうな場所を選択してそこに向かいます。

一方、先延ばし派の夫が免許証の更新をするときの意思決定は、私とは正反対です。「いくら早く済ませたいからって、わざわざ遠いところまで出向かんでも……」といって、案内ハガキをそっと机の上に置きます。しかし私からすると、そのハガキの存在自体がとにかく解消したい認知的な負荷なわけです。

皆さんはどちらに共感しますか？

2-3. 前倒ししやすい人は衝動的？

前倒しのもう1つの側面は、あまり深く考えることなく、自動的に早めの行動をとろうとすることでした。

イリノイ州立大学のマクブライドらが実施した研究では、前倒しのしやすさと関連するパーソナリティとして、セルフコントロールと衝動性をあげ、その関連について検討していま す。[6] しかし、前倒しとセルフコントロールとの間に明確な関連性があるという根拠は得られませんでした。さらに、衝動性とも関連していなかったのです。十分に考えないまま、衝動的に近くのバケツに手を伸ばそうとしていたわけではない可能性が出てきました。

ローゼンバウムらはこの点について、次のようなことを考察しています。[7] 彼らは、前倒しの背景にある理屈として、行動的説明と認知的説明の2つを仮定しています。行動的説明は、行動するために行動する、とにかく動いてみようという欲求にもとづきます。「まず体を動かす、考えるのはそれから」というパターンですね。一方の認知的説明は、頭のなかのＴｏ Ｄｏリストをできるだけすっきりさせたい、認知的な負荷をできるだけ少なくしたいという欲求にもとづきます。「よく考えてから行動に移す」パターンです。

ローゼンバウムらは、人は「できるだけ早く正確に」という指示を与えられたとき、瞬時に反応して誤った判断をしてしまうことを避けるため、むしろ時間をかけて事前に正確さを求める意思決定をしていることを明らかにしました。つまり、前倒しは「考える前にとりあえず動く」といった衝動的な反応というよりも、むしろ「しっかり考えてから動く」という意図的で戦略的な反応といえるのです。

一見すると、あまり考えることなくさっさと早めの行動をとっているようにみえても、実はじっくり考えているという考察は、前倒しが認知的な負荷を取り除きたいという欲求にもとづいていることからも妥当であると主張できます。

このように考えると、ビッグファイブによるパーソナリティでは誠実性との関連があげられること、そして限定的ではありますが、セルフコントロールが影響を与えているかもしれないという結果も納得できます。

2-4. 前倒しとセルフコントロール——現在と将来の葛藤の観点から

中国のマーらの研究では、これまでの前倒しの研究で用いられてきたバケツ運び実験を実施したうえで（ちなみに、この研究から、前倒しの傾向が欧米のみならず、アジアでも同様に観察されることが示されています）、前倒しに関連するパーソナリティを検討しています。[8]
この研究で取り上げられたのが、時間に関する考え方を示す概念の1つである「時間的展望」です。
時間的展望とは、過去・現在・未来に対する個人の見方・考え方を指します。人は過去の経験をふり返ったり、未来や将来のことを予想したりしながら、期待を抱いたり悲観したりします。過去の経験をふまえて未来を見通す際に、どのような展望をもつかは、個人によってさまざまです。[9]

たとえば、自分の未来のことを考えてくださいといわれたとき、明日や1週間後のことを考える人もいれば、数年後などの遠い将来について考える人もいるでしょう。また、あまり先のことを考えずに今を大切にするという人もいれば、将来のことを見据えて現在の行動をコントロールしようとする人もいるでしょう。前者は現在志向、後者は未来志向ともいわれます。時間的展望は、その人の意思決定や判断を下す際にさまざまな影響を及ぼします。

マーらは、前倒しと現在志向・未来志向との関連を検討しました。結果は、前倒しと未来志向の間には関連がみられるというものでした。前倒しをしやすい人は、そうでない人よりも、予備的なタスクを早めに終わらせることで認知的な負荷を減らして、未来の計画や目標を立てようとしているわけです。このように前倒しをしやすい人の特徴の1つとして、将来のことを重視する傾向をあげることができそうです。

これは、セルフコントロールの考えとも近いでしょう。現在志向から未来志向という、いわば短期から長期の視点に立って物事を判断するという考えは、セルフコントロールと関連

図表4-3　前倒ししやすい人の特徴

心理プロセス	パーソナリティ
● 自動的な反応、即時的な情報処理：「とりあえずさっさととりかかるぞ！」 ● 認知的負荷の軽減（CLEAR仮説）：「やらなくちゃいけないタスクを消去！」 ● 将来をふまえた意思決定：「目標を決めて計画的に」	● 誠実性（ビッグファイブ）：「締め切りより早くやろう！」 ● 我慢強さ：「やるべきタスクを優先！」 ● 未来志向：「今日の楽しさより、明日の快適さ！」

筆者作成

しています。これは、将来、楽な姿勢をとるために、今はやや不快な姿勢をとることを厭わない、という最終状態の快適性効果の考え方とも論理的には整合します。

また、2章でもふれたように、人は将来発生する可能性があるコストをトリガーとし、後で嫌な思いをするかもしれないという嫌悪感情から、そのコストを回避しようとする傾向があります。恐怖はできるだけ最小化しよう、めんどうなことは先にしておこう、という気持ちがあるということです。

これらはすべて、将来のことを考えて後で楽をしたい、快適に過ごしたいという願いのうえに成り立っているのかもしれません。

暫定的にこれまで明らかにされてきたこと、

という前提ではありますが、前倒しは、将来のことをふまえて推論を行った末に生じる意思決定といえます。それは、認知的な負荷の軽減に向けたヒューリスティックな意思決定・判断によって生じるかもしれませんが、その背景に必ずしもその人の衝動性が強く影響しているわけではないようです。

3．過剰な前倒しの弊害

前倒しをしやすい人というのは、せっかちなイメージをもたれがちです。しかし、必ずしも考えることを放棄していたり、考えるよりも先に衝動的に行動したりしているとはいえないようです。むしろ、しっかり後のことを考えたうえで行動している、セルフコントロールを発揮しているとも考えられますね。

ただし、ここで問題になるのが「過剰なセルフコントロール」です。直感だけで前倒ししているわけではなく、むしろ、後のことを考え過ぎ、考え過ぎた結果が空回りしているというケースもあるのです。

セルフコントロールは、これまでにも日常生活や社会生活に適応するうえで重要な役割を果たすことが示されてきました。しかし、過度に自らをコントロールするあまり、自分を追い込んだり、生活への満足度を低下させたり、健康にマイナスな影響を与えてしまったりと、逆効果になることもあるのです。セルフコントロールをし過ぎないよう、たまには目の前の誘惑に負けてみる、サボってみる、といったセルフコントロールの失敗も必要かもしれません。

私は仕事上、期日までの返信を求める一斉メールを送信することがよくあります。人によって返信のタイミングはまちまちですが、何度もやりとりをしていると、一貫してこの人はメールの返信が早い人、遅い人、という特徴が何となくわかってきます。もちろん、メールの返信のタイミングをもって、安易にその人のパーソナリティを予測することはできませんが、それでも多少は、先延ばし派か、前倒し派かがイメージできたりもします。

前倒し派の私が休日にまでメールの返信をしていると、周りからは「休みの日まで仕事をして、心が休まらないのでは?」と心配されることもあります。ですが、私にとってはむしろ、「休み明けにメールを返す」というタスクを休日の頭の隅に置いておくことが、無視できない負荷になります。それよりも、一旦返信をしてすっきりしておきたいと思うがゆえに前倒すのです。

ただ、これが極端になると、心の健康を害してしまいます。繁忙期に溜まったメールを、休日にまで常にハイスピードで処理していくとなると、心が休まるときがありません。また、休みの日にメールを受け取ることになる相手のことを考えると、向こう見ずにタスク処理を行うのもいただけません。

前倒しの傾向が強く、休日も心が休まらないという方への対策に、休日はメールやラインが届く機器に一切触れないというものがあります。ただし、少しでも通知が目に入ってしまうと、返信するまで落ち着かず、心の安寧を得るために課したルールが、「返したいのに返せない」という余計なストレスを生むことになります。この対策を取り入れる際は、機器には「一切触れない」というポイントを守ってくださいね。

1　Raghunath, N., Fournier, L. R., & Kogan, C. (2021). Precrastination and individual differences in working memory capacity. Psychological Research, 85 (5), 1970-1985.　https://doi.org/10.1007/s00426-020-01373-6

2　和田 さゆり（1996）．性格特性用語を用いた Big Five 尺度の作成、心理学研究、67（1）、61–67．https://doi.org/10.4992/jjpsy.67.61

3　Allport, G. W., & Odbert, H. S. (1936). Trait-names: A psycho-lexical study. Psychological Monographs, 47 (1), 1-171. https://doi.org/10.1037/h0093360

4 Gehrig, C., Münscher, J. C., & Herzberg, P. Y. (2023). How do we deal with our daily tasks? Precrastination and its relationship to personality and other constructs. Personality and Individual Differences, 201, 111927. https://doi.org/10.1016/j.paid.2022.111927

5 Adachi, M., & Adachi, K. (2024). Procrastination and precrastination from the perspective of self-control. Japanese Psychological Research, 66 (2), 178-194. https://doi.org/10.1111/jpr.12495

6 McBride, D. M., Villarreal, S. R., & Salrin, R. L. (2023). Precrastination in cognitive tasks. Current Psychology, 42 (17), 14984-15002. https://doi.org/10.1007/s12144-022-02750-7

7 Rosenbaum, D. A., Sturgill, H. B., & Feghhi, I. (2022). Think then act, or act then think? Double-response reaction times shed light on decision dynamics in precrastination. Journal of Experimental Psychology: General, 151 (12), 3198-3212. http://dx.doi.org/10.1037/xge0001253

8 Ma, B., & Zhang, Y. (2023). Precrastination and time perspective: Evidence from intertemporal decision-making. Behavioral Sciences, 13 (8), 631. https://doi.org/10.3390/bs13080631

9 Zimbardo, P. G., & Boyd, J. N. (1999). Putting time in perspective: A valid, reliable individual-differences metric. Journal of Personality and Social Psychology, 77 (6), 1271-1288. https://doi.org/10.1037/0022-3514.77.6.1271

コラム④ ——「ビッグファイブ」質問紙をやってみよう！

図表4－4は160ページで紹介した性格特性を表す「ビッグファイブ」の質問紙です。[1]4章で紹介した「ビッグファイブ」が気になった方は、次の手順で回答してみてください。自らの特性に気付く助けになるかもしれません。

①5つの特性ごとに、縦の列12個の用語が並べられています。それぞれの用語が自分にどれくらいあてはまるかを、「1：まったくあてはまらない、2：ほとんどあてはまらない、3：あまりあてはまらない、4：どちらともいえない、5：ややあてはまる、6：かなりあてはまる、7：非常にあてはまる」で回答し、グレーの箇所に点数を記入してください。

②★がついた記入欄の点数を、8から減算した点数に修正してください（例：「3」と記入した場合、8－3＝5のため、「5」に修正）。★がついていない記入欄の点数は、そのままでかまいません。

図表4-4　Big Five尺度

外向性		情緒不安定性		開放性		誠実性		調和性	
話し好き		悩みがち		独創的な		いい加減な	★	温和な	
無口な	★	不安になりやすい		多才の		ルーズな	★	短気	★
陽気な		心配性		進歩的		怠惰な	★	怒りっぽい	★
外向的		気苦労の多い		洞察力のある		成り行きまかせ	★	寛大な	
暗い	★	弱気になる		想像力に富んだ		不精な	★	親切な	
無愛想な	★	傷つきやすい		美的感覚の鋭い		計画性のある		良心的な	
社交的		動揺しやすい		頭の回転の速い		無頓着な	★	協力的な	
人嫌い	★	神経質な		臨機応変な		軽率な	★	とげがある	★
活動的な		くよくよしない	★	興味の広い		勤勉な		かんしゃくもち	★
意思表示しない	★	悲観的な		好奇心が強い		無節操	★	自己中心的	★
積極的な		緊張しやすい		独立した		几帳面な		素直な	
地味な	★	憂鬱な		呑み込みの速い		飽きっぽい	★	反抗的	★
合計点		合計点		合計点		合計点		合計点	

出典：和田 さゆり（1996）.「性格特性用語を用いたBig Five尺度の作成」より

③5つの特性ごとに、縦の列の点数をすべて足してください。その点数が、あなたの各特性に対する傾向の強さを表しています。

最小が12点、中間が48点、最大が84点です。ご自身のそれぞれの特性の得点を見ながら、どの特性の得点が高く、どの特性の得点が低かったかを把握してみてください。

・**外向性**の得点が高い人は、活発で刺激を求めやすい傾向にあります。反対に得点が低い人は、あまり強い刺激は求めない控えめなタイプといえます。

・**情緒不安定性**の得点が高い人は、ストレスを感じると緊張状態になりやすく、反対に得点が低い人は、感情的になったり敏感になったりすることが少なく、情緒が安定しています。

・**開放性**の得点が高い人は、遊び心があったり、何かをひらめいたりなど、発想力が豊かな傾向にあります。反対に得点が低い人は、現実的で、伝統や慣習などを重視する傾向があります。

・**誠実性**の得点が高い人は、真面目で意志が強いという特徴があります。反対に得点が低い人は、あまり強いこだわりがなく、周りのことをありのままに受け入れるタイプといえます。

・**調和性**の得点が高い人は、協調性や共感性が高い傾向にあります。反対に得点が低い人は、自主的で独立性が高い傾向にあるといえます。

さて、外向性、情緒不安定性、開放性、誠実性、調和性のそれぞれ5つのパーソナリティについて、あなたはどれが強く、どれが弱かったでしょうか。もちろん、あなたのパーソナリティを把握するための方法は、ほかにも多くあります。ビッグファイブでの結果を1つの目安として、ご自身のパーソナリティを知るうえでの参考にしてみてください。

1　和田さゆり（1996）．性格特性用語を用いたBig Five尺度の作成、心理学研究、67（1）、61-67．https://doi.org/10.4992/jjpsy.67.61

5章

先延ばしと前倒しのルーツ

ここまで、先延ばしと前倒しという2つの概念の特徴をみてきました。本章では、それぞれの概念の定義をふり返りながら、共通点や相違点、そしてこれらのルーツがどこにあるのかを探っていきましょう。

1. 先延ばし傾向を測定する

先延ばしの反対概念として登場した前倒しですが、この2つの概念は単に「望ましい——望ましくない」という直線上で捉えられるわけではありません。4章で紹介したゲーリックらは、ビッグファイブの5つの特性（160ページ）を用いて、先延ばしと前倒しが必ずしも相反する概念ではないことを指摘しています。[1]

これまでの研究では、先延ばしをする人ほど誠実性が低い、そして情緒不安定性が高いことが示されてきました。[2] もし、前倒しが先延ばしと反対の意味をもつ概念であるのならば、前倒しをする人ほど誠実性が高く、また情緒不安定性が低いはずです。しかし、ゲーリックらの研究では必ずしもそのような関連はみられませんでした。この結果は、先延ばしと前倒しの2つの概念が単に対極の関係にあるとはいえないこと、そして先延ばしと前倒しは独立した概念である可能性を示唆しています。

1－1．パーソナリティと尺度

ここで、パーソナリティ特性の測定方法について、簡単にお伝えしておきましょう。そもそも「先延ばししやすい傾向」や「前倒ししやすい傾向」というパーソナリティは、目に見えるものではないため、直接的には測定できません。これは、ビッグファイブで分類される外向性や誠実性など、すべてのパーソナリティについても同じです。

人の身長や体重であれば、身長計や体重計を用いて一定の単位で測ることができ、それらの測定値をもとにＢＭＩなどの別の重要な指標も算出できます。また、定期的に測定ができれば、それらを時系列（年代）で把握することもできます。しかし、パーソナリティというのは目に見えず、形もありません。

だからこそ、その目に見えない、形のない概念を捉え、測定するためのツールが必要となります。そして、心理学でよく用いられるツールの１つが「尺度」です。人の「○○傾向」や「○○しやすさ」を測定し、そうした特徴を統計的に検討し、明らかにしていくためには欠かせません。

1-2. 先延ばしの尺度

図表5-1は、日本の心理学者の林潤一郎が作成した日本語版の先延ばしの尺度(General Procrastination Scale 日本語版)です。[3] 対象者の先延ばしの傾向を数値化することで、高い・低いといったことをおおまかに把握できたり、ほかのパーソナリティとの関連の強さを求めたりすることができます。

それでは、この尺度を用いて皆さん自身の先延ばし傾向を測定してみましょう。図表5-1の質問に対する回答として、最も適切だと思う数字に○をつけてください。すべての質問に○をつけたら、○のついた数字をすべて足してください。その数字があなたの先延ばし得点です。

さて、最小13点から最大65点までのうち、皆さんは何点でしたか? 合計得点が高いほど先延ばしの傾向が高く、合計得点が低いほど先延ばしの傾向が低いということになります。ただし、先延ばしと前倒しが相反する関係にあるとはいえないという考えにもとづけば、限りなく13点に近かった場合でも「前倒しの傾向が高い」とはいえません。あくまで「先延ばしの傾向が低い」ということだけがわかります。

ちなみに私は、この尺度を夫と一緒にやってみました。質問を読みながら「そんなことは

図表5-1　先延ばし尺度(General Procrastination Scale 日本語版)

次の文章について、あなた自身にどの程度あてはまるかをお尋ねします。以下の質問に対する回答として、最も適切だと思う数字に◯をつけてください。

	あてはまらない	だいたいあてはまらない	どちらともいえない	だいたいあてはまる	あてはまる
1. もっと前にやるはずだった物事に取り組んでいることがよくある	1	2	3	4	5
2. 手紙を書いた後、ポストに入れるまでに数日かかる	1	2	3	4	5
3. そう大変ではない仕事でさえ、終えるまで何日もかかってしまう	1	2	3	4	5
4. やるべきことを始めるまでに、時間がかかる	1	2	3	4	5
5. 旅行する際、適切な時間に空港や駅に到着しようとして、いつも慌《あわただ》しくなってしまう	1	2	3	4	5
6. どたんばでやるべきことに追われたりせず、出発の準備ができる	5	4	3	2	1
7. 期限が迫っていても、他のことに時間を費やしてしまうことがよくある	1	2	3	4	5
8. 期限に余裕をもって、物事を片付ける	5	4	3	2	1
9. どたんばになって、誕生日プレゼントを買うことがよくある	1	2	3	4	5
10. 必要なものでさえ、ぎりぎりになって購入する	1	2	3	4	5
11. たいてい、その日にやろうと思ったものは終わらせることができる	5	4	3	2	1
12. いつも「明日からやる」といっている	1	2	3	4	5
13. 夜、落ち着くまでに、すべき仕事をすべて終わらせている	5	4	3	2	1

出典：林 潤一郎(2007).「General Procrastination Scale 日本語版の作成の試み――先延ばしを測定するために」より　※無断での転載・商用利用禁止

あまりないなぁ」と共感できない私に対し、夫は「わかる、わかる、これあてはまる」と共感の嵐です。結果は、私が65点中28点、夫が55点でした。

この尺度の文章が示す心理を完璧に理解している様子の夫を前に、私はあることに気が付きました。3章でお話しした運転免許証の更新や確定申告での私たちの行動を思い出してみてください。私ができるだけ早いタイミングで更新や申告を行う一方、夫は必ず先送りにします。2人がたとえまったく同じ状況にあったとしても、それぞれの行動や意思決定が180度違うわけですね。このとき、前倒し派と先延ばし派では認識している世界が異なっているということに気付いたのです。

前倒し人間の私は、先延ばし派の人の行動やその行動が意味する心理状態を基本的にわかっていない、いや、わかろうとしていなかったのかもしれません。同じように、先延ばし派の人も、前倒し派の人の心理状態がよくわからないのかもしれません。

当然のことながら、相手の心理がわからない状態では、協力し合ってタスクを処理していくことは難しいです。両者の協力については終章で詳しく考えることにして、次節からはそれに先立ち、先延ばし派と前倒し派のルーツを探りながら、そもそもなぜこうした違いが表れるのかというメカニズムを解説していきます。

ところで、これまで紹介してきたいくつかの研究でも、尺度を用いて対象者のパーソナリティが測定されていました。そこで用いられていたものとして、ビッグファイブの尺度、セルフコントロールの尺度などをあげることができます。ただし、尺度を用いるときには、その尺度で本当に知りたいものが正しく測れているのか、という疑問が常についてまわります。

たとえば、体重を測るのに身長計を用意したり、壊れた体重計を使ったりしては正確な測定ができませんよね。同じように、尺度も測りたいことをきちんと測れていなかったり、目盛りが不完全であれば、せっかく人に回答してもらったとしても、その結果は信用できないものになる可能性が出てくるわけです。これは研究者にとっては避けたいところです。ただ、尺度を用いて身長計や体重計のように細かいところまで精緻に測定できるかといわれれば、難しいといわざるを得ません。

そんななかで、できるだけ正しく測定でき、その結果が再現できる、つまり信頼性の高いことが保証された尺度が、心理学の研究では多く開発されています。先延ばしの尺度はその1つです。ただし、前倒しについての尺度はいまだ開発の途中です。尺度を開発するためには、測りたいパーソナリティや概念の特徴を、明確に定義できなければなりません。前倒しは定義されているものの、その特徴を示す研究や知見は今後蓄積され、更新されていくでしょう。

また、前倒しという概念に関する研究の歴史は先延ばしに比べるとまだ浅いですが、3章でお伝えした通り、前倒しは私たちにとってなじみ深い現象でもあり、2章で取り上げたように、コストをトリガーとしたタスクマネジメントの研究も進められていました。すでに私たちの日常生活に浸透していた現象を新たな概念として捉え直し、これまでの先延ばしの研究とも関連づけながら体系的に整理されていく概念ともいえます。

これらをふまえて、より前倒しのことを的確に把握・理解したうえで、前倒しの尺度を開発していく必要があります。また、先にも述べた通り、前倒しをする人（私含め）の気持ちに寄り添いながら、前倒しの傾向を正しく測定できる尺度の開発が必要といえるでしょう。

2. 先延ばしと前倒しのルーツ

ここで、先延ばしと前倒しという2つの概念の定義をおさらいしておきましょう。

先延ばしとは、将来の結果を予期しながらも不必要に遅延することを指し、非合理性を特徴とする概念です。一方の前倒しは、余分なコストを伴うものの、早めにタスクにとりかかろうとすることを指し、その合理性が特徴とされてきました。これに加えて前倒しには、過度なコストを犠牲にするという非合理性も含まれています。つまり、合理的か非合理的かにコストの度合いが反映される点で、先延ばしとは異なる概念であるといえるでしょう。

先延ばしという概念が、私たち人間の行動や生活、社会にどれくらい密接に関わっているかについては、その歴史的なルーツを調べると一目瞭然です。「先延ばしの研究は古くから」とお伝えしてきましたが、そもそも先延ばしという現象はいつ頃からその存在が認識され、注目されてきたのでしょうか。前倒しが学術の世界で概念化されたのは最近ですが、前倒し行動自体はそのはるか以前からあったと考えられています。

ここでは、先延ばしと前倒しの現象の歴史を概観し、生物学的な観点からそのルーツを探っていきます。そのうえで、2つの概念の関係を深掘りしていきましょう。

2-1．先延ばしは進化のプロセスに根付いている

そもそも、先延ばしという概念が言語化されたのはいつでしょうか。先延ばし研究の第一人者とされるピアーズ・スティールは、著書『ヒトはなぜ先延ばしをしてしまうのか』のなかで、先延ばしの起源は9000年前と述べています。

原始時代に農業がはじまると、作物を収穫するという作業が発生します。収穫は、季節や

作物の状態によって行うべき時期がある程度決まってきます。これが、いわゆる「締め切り」の起源です。この締め切りを無視してサボったり、後回しにしたりすると、十分な収穫を得ることができず、生活を築くことも生き延びることも困難になります。

そのため、先延ばし行動は死活問題として、当時の人々のなかで認識されるようになっていきます。4000年前にはすでに、人の怠慢や遅延、いわゆる先延ばし癖を危惧する表現が用いられていたともいわれています。[4]

17世紀には、劇作家シェイクスピアの著作『ハムレット』のなかで、主人公の心理描写に優柔不断、先延ばし癖（procrastination）という言葉がたびたび登場しています。ハムレットが熟考を重ねるタイプの先延ばし者である様子が描かれる一方で、ほかの登場人物の実行力や決断力の早さ、ときにはその危うさが浮き彫りになる場面も描かれています。当然ながら、後者についてはまだ前倒し（precrastination）という表現で言語化されてはいませんが、当時から対比する現象として位置付けられていたことがうかがえます。

先延ばしという現象は、古代から近世へと受け継がれ、現在に至るまで絶え間なく人間社会に蔓延《はびこ》る現象として注目されてきました。ではなぜ、人は先延ばししたり前倒ししたりするのでしょうか。この問いについて本書では、これまで主にパーソナリティの観点から解説をしてきましたが、ここでは、先延ばしが起こる原因を生物学的な観点から捉えてみたいと思います。

まずは、脳内の2種類のシステムである大脳辺縁系、前頭前野の働きを説明しておきましょう。前者は、システム1とも呼ばれ、進化的に早い段階で形成されます。本能や衝動といった、目の前の欲求への自動的・反射的な反応を司《つかさど》っています。後者はシステム2とも呼ばれます。こちらは主に、理性や意志力を司ります。長期的な視点にたって目標や計画を立てたり、将来の予測にもとづいて目の前の誘惑に耐えたり、我慢することを含みます。また、発達による影響が大きいという特徴があります。この2つは、感情と理性、直感と論理、情緒と認知のような形で捉えられることもあります。

前頭前野の機能は、赤ちゃんの発達で考えるとわかりやすいです。生後間もない時期から1歳くらいにかけての赤ちゃんには、欲求を我慢したり、気持ちをコントロールしたりする力はまだ十分に備わっていません。ですので、お菓子が目の前にあると、食べたい、もしくは触りたいといった本能や衝動、つまりシステム1が機能し、お菓子に手を伸ばしたり、お腹が空くと泣き出したりします。「今これを食べるのは我慢しておこう」「泣かないぞ」といったコントロールはまだできない、つまりシステム2が機能していません。3歳くらいにかけて次第に発達が進んでいくと、「ちょっと待つ」ことができたり、泣くのを我慢できたりしていくわけですね。

1章でお伝えしたセルフコントロールも、このシステム1とシステム2の間の葛藤と捉えることができます。長期的な計画を立てて、目の前の誘惑に耐えることは、セルフコントロールの発揮といえます。反対に、システム2の働きによってコントロールしていた感情や行動が、システム1による衝動や欲求によって表出してしまったり、後のことを考えて立てた計画が、目の前の欲求に屈して崩れ去ったりすることは、セルフコントロールの失敗といえるでしょう。

先延ばしは、この2つのシステムのせめぎ合いの結果、生じるともいえます。大脳辺縁系の働きによって、目の前の快楽に注意が向くと、そのことばかりに意識が集中してしまい、将来のことは後回しになってしまうのです。

先延ばしの起こる原因をたどっていくと、人は進化のプロセスを通じて先延ばしをするようになったともいえるでしょう。先延ばしの根幹にあるものの1つが、衝動性です。狩猟採集生活の時代において、今目の前にある食材を手に入れることは生き延びるために喫緊の課題であり、むしろ衝動性は生きるための戦略として必要とされていました。ちなみに、先延ばしという現象は人間だけにみられるわけではないこともわかっています。衝動性は多くの種の動物がもつ共通の性質で、生存上のメリットがありました。

一方、生き延びるために不可欠な採餌《さいじ》の場面では、将来のことを考えて計画的にエサを蓄えておく必要があります。たとえば、現在の蓄えでは冬の間に食料が尽きるとします。その事実を把握しつつ、そして後悔するかもしれないとわかりつつも、現在の食欲を抑えられずに備蓄分を食べてしまったり、娯楽の誘惑に勝てずにエサの採取をサボったりすれば、近い将来に冬を越せないというピンチに陥ります。これが衝動性のデメリットです。

この2つを明確に対比させたお話が、『アリとキリギリス』です。夏のうちから冬を見越してせっせと食物を確保し運搬するアリと、一方で今を楽しむだけのキリギリスとを対比させる形で描かれている寓話です。アリの行動からは、まさしく「備えあれば憂いなし」、将来を見据えることの大切さがみてとれます。また、先延ばしをするキリギリスの愚かさを晒《さら》す話でもありますね。

こうした理性と衝動とのせめぎ合いによって生じると考えれば、先延ばしは、はるか古来の原始的な欲求、そして人類の進化と社会の発展に根深いルーツをもつ概念であることがうかがえます。

2-2. 人間以外も前倒しをする?

他方、前倒しは2014年に発表された比較的新しい概念ではありますが、そのルーツは先延ばしと同様、古いものなのかもしれません。ここで、前倒しという現象が、人間だけにみられるものではないことを示す研究を紹介します。[6]

実験の対象になったのはボノボ5頭です。ボノボはアフリカ南部のコンゴ民主共和国に生息する類人猿で、人間に近い霊長類です。ボノボの特徴として、知能の高さや攻撃性の低さ、社会性の高さ、平和的な性格をもつことなどがあげられます。[7] また、近縁であるチンパンジーに比べて、直立二足歩行を得意とする特徴があります。

ペンシルベニア州立大学のシュウォブらの研究グループは、ボノボにも人と同じように前倒しをする傾向がみられるかを検証しています。

図表5-2はその実験状況を表したものです。ゴールではジュースを手にした実験者が待機しています。そして、ボノボからみて異なる位置に2つのカップが置かれています。カップを実験者のいるゴールまで運搬するという予備的なタスクが完了できれば、ご褒美のジュースがもらえます。人に対してローゼンバウムらが行ったバケツ運び実験(110ページな

図表5-2　ボノボを対象にした前倒し実験

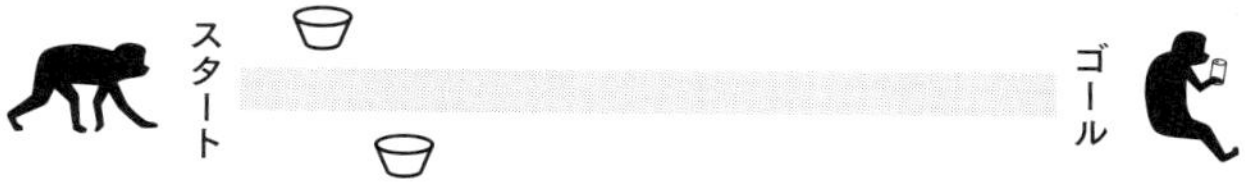

スタートからゴールまで6m。カップは、スタート地点から0.7m、1.4m、2.1m、2.8mのいずれかの位置に置かれたため、各距離の組み合わせは12通り（例：右0.7m、左2.8m）になる。1頭につき、ランダムな組み合わせで12回実施された。

出典：Schwob, N., Epping, A. J., Taglialatela, J. P., & Weiss, D. J.（2022）.「The early bonobo gets the juice? The evolutionary roots of pre-crastination in bonobos（Pan paniscus）.」を参考に筆者作成

人間に最も近い霊長類、ボノボ
写真：Minden Pictures/アフロ

ど）と同様、スタート地点に近い位置にあるカップを選択する傾向があるかどうかを調べました。

その結果は、なんと、55回の試行のうち47回、およそ85％の確率で、スタート地点に近いカップが運搬されていました。ただし、47回のうち、20回は両方のカップを選択、運搬していたようです。一方で、ゴール地点に近い位置にあるカップは8回、つまり約14％でしか運搬されませんでした。

そして、サンプルの数が5頭と限られてはいますが、うち2頭は一貫してスタート地点に近い位置のカップを運ぶ傾向、ほか2頭は両方のカップを運ぶ傾向がみられたのです。この実験の結果は、前倒しという現象が、先延ばしと同様、必ずしも人間だけにみられるものではないことを示唆しています。

ただし、人と同じように「カップ運びを早く終わらせたかったから」という「やらなくちゃ」のプレッシャーを軽減させようとして近くのカップを拾ったのかまでは検討できていません。このことを検討するためには、人と同様に、カップの重さや運ぶ距離など、移動に伴って発生する身体的コストの度合いを変えてみる必要があります。

この実験で注目すべき点は、両方のカップを選択していたボノボが一定の割合いたということです。ジュースをもらうために、目の前のカップを拾い上げていくという行動は、衝動性と関連づけることもできます。目の前のことに素早く反応することが生存のためには必要であったという意味で、前倒しのルーツも、もしかすると進化のプロセスに根付いているのではないか、という疑問が生まれてきました。

やはり、先延ばしと前倒しは対極な関係にあるというよりも、共通のルーツをもつという点で、複雑な関係にあるといえそうですね。次節からは、2つの概念の共通点と相違点を詳しくみていくことにしましょう。

3．先延ばしと前倒しの共通点と相違点

3－1．後でのんびりするために、今急ぐ

先延ばしと前倒しの2つに共通しているルーツは、その自動性です。先延ばしはそれに加えて、未来や将来を予期しようとする、いわば理性とのせめぎ合いの結果生じる現象であり、その非合理性が長らく強調されてきました。

一方の前倒しの自動性は、効率のことをあまり深く考えずに、目の前のタスクにさっさととりかかり、処理しようとすることで発揮されます。極端になるとこれは問題です。もう少

し冷静に、「よく考えて」行動した方がよい場合も多くあるでしょう。矢継ぎ早にタスクをさばいていくことを、ときには我慢する必要があるともいえます。

しかし、前倒し行動の抑制は、皮肉なことに非常に困難です。なぜなら、後のことを「よく考えて」いるからこそ、目の前にあるタスクを早めに処理しようとしている場合もあるからです。3章や4章で解説したように、前倒しの特徴には、直感的でヒューリスティックな判断に加えて、狙いを定めるといった冷静さや未来志向なども含まれます。前倒し派の人は、せっかちのようにみえても、実はそうではなく、あくまでその後のことを穏やかに進めるために、今を急いでいるのかもしれません。前倒しの人は、せっかちなのか、のんびり屋さんなのか、これら2つが表裏一体となった概念のようにも思えます。

くり返しになりますが、先延ばしは、衝動性と理性の間の我慢比べの末のセルフコントロールの失敗、一方の前倒しは、後のことをしっかりと考えた結果のセルフコントロールの成功、とはいい切れません。セルフコントロールの成否を軸に2つの概念をまとめることは、難しいのです。

この事実は、両者が複雑な関係にあることを物語っています。前倒しは、衝動性と理性の一対の関係で捉えられるものではなく、むしろ将来のための行動を予期しながら、現在の欲望に対してヒューリスティックな判断をしているといえるのかもしれません。

極端な前倒しをしてしまう人には、セルフコントロールを鍛えるというよりも、過剰なコントロールに注意することが求められます。後のことを熟慮しコントロールしたうえで、今すぐとりかかるのを我慢する、二重のコントロールのような鍛錬になりそうですね。

先延ばしと前倒しが、共通のルーツをもちながら、現象としてはまったく異なる形となって私たちの身近に表れる背景には、こうしたからくりが関わっていそうです。

3－2．未来を想像する力と前倒し

ここまで、前倒しが私たちの進化のプロセスに根付いている可能性について論じてきました。まさに、〝古くて新しい〟概念ですね。なかでも重要なポイントが、将来のことを考えるという行為です。先ほどのボノボを対象にした実験に加えて、もう1つ人間以外を対象にした実験を紹介します。今度は、ハトを対象にした実験です。[8]
アイオア大学のワッサーマンらは、4羽のハトを対象に、ハトにも前倒しの傾向がみられるかどうかを検証しました。実験は、エサが用意された小さな部屋で行われました。部屋の正面の壁には、3つのボタンが並んだタッチスクリーンが設置されています。ボタンを突っつくことで、タッチスクリーンのボタンが点灯する仕組みになっています。3つのボタンは12センチ間隔で並んでいます。ハトはエサを受け取るために、合計3回の突っつきが必要なことを学習していきます。

最初に中央のボタンが表示され、ハトは強制的にそのボタンを突っつきます（1回目）。次に、中央と両側どちらか1つのボタン、合計2つのボタンが表示されます。ハトが中央のボタンから左右いずれかのボタンに切り替えて突っつくと（2回目）、星のマークが表示されます。そして、星のマークを突っつくことで（3回目）エサがもらえます（**図表5－3**）。

この試行をくり返し、ワッサーマンらは、中央のボタンから左右いずれかのボタンへと突っつき行動が切り替わるタイミングを調べたのです。ハトは中央のボタンを突っつき続けるのか、もしくは中央と左右いずれかのボタンのいずれも突っつかないのか、あるいは早めに左右いずれかのボタンに切り替えて突っつくのかを観察しました。

結果、4羽のハトはすべて、2回目の突っつきの段階で、次に表示される星のマークの位置、つまりサイドボタンを突っつく行動を示すようになりました。つまり、ここを突っつけば次にエサがもらえることを学習していったハトは、2回目の段階で突っつくボタンを切り替えていたのです。いわば、先見的な選択に早めに移行したということでしょう。

図表5-3　ハトを対象にした前倒し実験でのスクリーン例

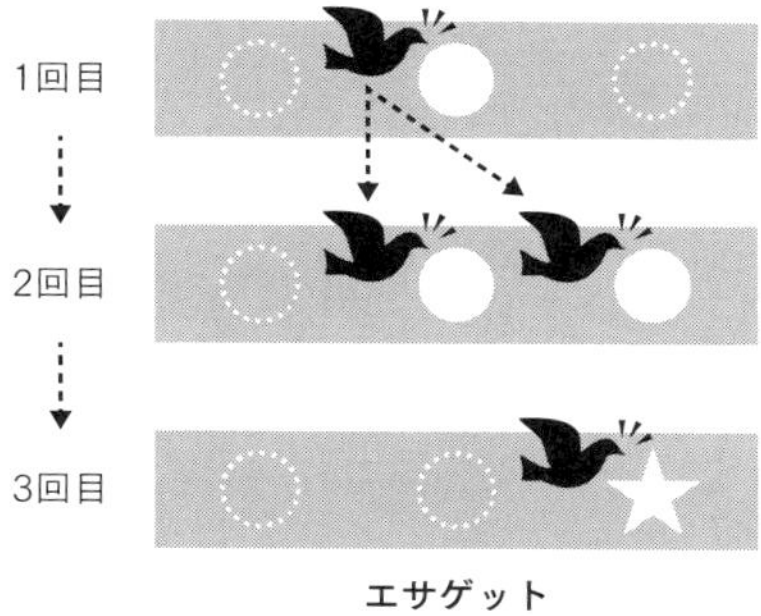

3つのボタンが並んだタッチスクリーンがある。ボタンを突っつくことで、タッチスクリーンのボタンが点灯する。1回目は中央のボタンが表示されるので、ハトは中央のボタンを突っつく。次に中央のボタンと同時に両側ボタンのいずれか、合計2つのボタンが点灯する。ハトが、中央のボタンから左右いずれかのボタンに切り替えて突っつくと(2回目)、星のマークが表示される。星のマークを突っつくことで(3回目)エサがもらえる。各セッションは110回実施された。試行の間隔は5秒である。

出典：Wasserman, E. A., & Brzykcy, S. J.(2015).「Pre-crastination in the pigeon.」を参考に筆者作成

エサをもらうために、それまでの予備的なタスクに早めにとりかかっておくというのは、人でのバケツ運びとよく似た行動です。できるだけ先にバケツ運びを済ませておくことによって、「やらなくちゃ」という負荷を軽減させると同時に、ゴールに近づいたように感じられるのです。ハトの場合、サイドのボタンへの突っつきに早いうちから切り替えることで、エサを手に入れるというゴールが近づいたように感じるのかもしれません。この例からも、将来のことを予期したうえで、早めに認知的な負荷を軽減しようとする戦略的な動きは、人間特有ではない可能性がうかがえます。

ただし、こうした実験の結果の解釈には、慎重になる必要があります。ワッサーマンらは、ハトを対象にした実験でみられた結果について、星のマークとエサが時間的に連続して呈示されることを学習したため、サイドボタンの突っつき行動が強化された（オペラント条件づけ）可能性、あるいは、条件反射や古典的な条件づけに由来する自動反応形成（オートシェイピングやサイントラッキング）による可能性を指摘しています。[9]

先ほど紹介したボノボを対象にした実験も含めて、前倒し行動の進化的なルーツを理解することは、ヒトの複雑な行動の起源を考えるうえで重要な役割を果たします。だからこそ、こうした別の解釈ができることをふまえて、さらなる検証が必要といえます。

人、動物にとって、未来を想像する力が前倒しの源泉であると捉える見解もあります。先延ばしの原点には、農作業での収穫時期を見越すという将来への意識がありました。そうしたデッドラインのような目安や基準があることによって、私たちは不確実な将来に向けて予想したり、見通しを立てたり、やるべきタスク量を逆算したりすることができるのです。

さらに、これまで本書でも、嫌いなタスクへのコストがむしろ前倒しのトリガーとなること（2章）や、最終状態の快適性効果（3章）を紹介してきました。余分なコストを払ったり、多少無駄な手間をかけたりしながらも早めに行動する、最初に困難なことを片付けておく、後で有利になるために最初に不利な行動をとっておくなど、どれも一見すると合理的ではない行動のようにみえます。

しかし、すべては後のことを考えた結果であると捉えれば、それらは将来への生き残りをかけて受け継がれてきた、先人たちの遺産といえるかもしれません。

1　Gehrig, C., Münscher, J. C., & Herzberg, P. Y. (2023). How do we deal with our daily tasks? Precrastination and its relationship to personality and other constructs. Personality and Individual Differences, 201, 111927. https://

doi.org/10.1016/j.paid.2022.111927

2 Lee, D. G., Kelly, K. R., & Edwards, J. K. (2006). A closer look at the relationships among trait procrastination, neuroticism, and conscientiousness. Personality and Individual Differences, 40 (1), 27-37. https://doi.org/10.1016/j.paid.2005.05.010

3 林 潤一郎（２００７）．General Procrastination Scale 日本語版の作成の試み ――先延ばしを測定するために、パーソナリティ研究、15（2）、246-248．https://doi.org/10.2132/personality.15.246

4 ピアーズ・スティール（著）、池村 千秋（訳）（２０１２）．ヒトはなぜ先延ばしをしてしまうのか、ＣＣＣメディアハウス．

5 Mazur, J. E. (1996). Procrastination by pigeons: Preference for larger, more delayed work requirements. Journal of the Experimental Analysis of Behavior, 65 (1), 159-171. https://doi.org/10.1901/jeab.1996.65-159

6 Schwob, N., Epping, A. J., Taglialatela, J. P., & Weiss, D. J. (2022). The early bonobo gets the juice? The evolutionary roots of pre-crastination in bonobos (Pan paniscus). Animal Behavior and Cognition, 9 (1), 3-13. https://doi.org/10.26451/abc.09.01.02.2022

7 Hare, B., Melis, A. P., Woods, V., Hastings, S., & Wrangham, R. (2007). Tolerance allows bonobos to outperform chimpanzees on a cooperative task. Current Biology, 17 (7), 619-623. https://doi.org/10.1016/j.cub.2007.02.040

8 Wasserman, E. A., & Brzykcy, S. J. (2015). Pre-crastination in the pigeon. Psychonomic Bulletin & Review, 22, 1130-1134. https://doi.org/10.3758/s13423-014-0758-3

9 Brown, P. L., & Jenkins, H. M. (1968). Auto-shaping of the pigepn's key-peck. Journal of the Experimental Analysis of Behavior, 11 (1), 1-8. https://doi.org/10.1901/jeab.1968.11-1

コラム5 ——Procrastination と Precrastination——追われるな、追いかけろ!?

英語を勉強するときに、接頭辞について学んだことがあると思います。

たとえば、「sub（サブ）-」は、「下、下位、補助」のような意味をもち、subが先頭にある単語には、こうした意味が含まれます。subway（サブウェイ）は地下鉄、subtitle（サブタイトル）は副題です。ほかにも、「re-」には「再び」の意味があったり、「in-」には「中に」、「out-」には「外に」という意味が含まれていたりします。recycle（リサイクル）やreuse（リユース）、input（インプット：入力）やoutput（アウトプット：出力）などですね。

本書の冒頭でご紹介したように、先延ばしを英語で表現すると、procrastination（プロクラスティネーション）、グズグズする、延期といった意味の英単語です。一方、ローゼンバウムらは、前倒しの現象を、precrastination（プレクラスティネーション）と名付けました。当時は造語でしたが、現在では辞書に記載されていることもあります。

procrastinationの語源を調べてみると、「pro-」には「～の方に向かって」、「crastinate」

には「明日」という意味が含まれています。何かを明日の方に向かって先送りにする、という意味で、先延ばしを表現する単語といえます。

「pre-」には「~の前」という意味が含まれていて、プレオープン戦やプレ大会、いずれも本戦や本大会の前に実施されるという意味になっています。

ローゼンバウムらは、もともとあったprocrastinationという単語を用いて、先延ばしと対比させる意味で、そして、明日以降への先送りではなく明日の前にやる、という意味でprecrastinationと名付けたといえます。

ところで、典型的な前倒し人間の私をみて、「そんなにせかせか仕事をして、時間に追われ過ぎじゃない?」などと心配してくださる方がいます。せっかちな振る舞いが周りの人によからぬプレッシャーを与えてしまっていることについては申し訳なく思います。ですが、私に関していえば、仕事や時間に追われている感覚はありません。追われているのではなく、むしろ追いかけるイメージなのです。

明日にprocrastinateした仕事には追われることになりますが、明日の前にprecrastinateしておくというのは、私の方が仕事を追いかけていることになります。追いかけられるよりも追いかけている方が、私にとっては認知的負荷が少なく、気持ちが楽だということです。

ただし、どの状態にストレスを感じるかは人それぞれです。自分の性格に合った最適な方法をみつけることが、何より大切です。

終章

ちょうどいい先延ばしと前倒しのみつけ方

終章では、ここまで話をしてきた先延ばしと前倒しの特徴をふまえながら、効率的なタスクマネジメントのあり方を考えます。まずは、先延ばしと前倒し、それぞれのメリットとデメリットを整理します。次に、効率的なタスクマネジメントをみていきます。最後に、それらの効率的なマネジメントに向けて、双方のバランスのとり方や、そのために必要とされる行動について、具体的にまとめていきたいと思います。

1. 先延ばしと前倒しのメリットとデメリット

1－1. 先延ばしのメリットとデメリット

先延ばしの最も大きなデメリットは、締め切りを守れなかったりギリギリになったりすることです。そのせいで、後で自分がしんどい目にあったり、周囲に迷惑をかけたりして、心身の不調のきっかけにもなり得ます。

マイナスな面ばかりが強調されやすい先延ばしですが、メリットもたくさんあります。たとえば、計画的に「あえての先延ばし」をしたり、長い休憩をとったりすると、思いがけない発見に出合うこともあります。また、期間を長くとることで思考が自然と整理されたり、視点が変わって新しい着想を得られたりもします。さらに、「これくらいのタスクなら後回しにしても大丈夫、その方が時間をうまく使えるんだ！」という的確な判断ができれば、タスクに対する自信をつけることにもつながります。

ただし、最後にあげたメリットには、注意すべき点があります。それは、「ギリギリにやりはじめても間に合った！」という経験のくり返しによって、「次のタスクもこれくらいにはじめれば大丈夫」という誤った判断がプッシュされることです。間に合ったタスクであっても、無理をして徹夜で仕上げていた場合、身体は悲鳴をあげていたことでしょう。

しかし皮肉にも、「ギリギリのところでできた！」という成功経験が、次のタスクへの着手をさらに先延ばしする一因になり得るのです。これには厄介な先延ばしのメカニズムが関わっています。３つに分けて解説します。

第一に、精神的な逆境のなかでの成功経験はインパクトが強いです。タスクの締め切りが近づくにつれて、「やばい」「やらなきゃ」という焦りは高まっていきます。締め切り直前、不安がピークに達した状態で、ギリギリでタスクを完了させたとしましょう。そのときの達成感は、それまでに蓄積された大きな不安から一気に解放されることによって、このうえないものになります。

それほど喉が渇いていないときに飲むジュースと、喉がカラカラに渇いたときに飲むジュースでは、後者の方がジュースを美味しく感じ、満足感が得られるのと似ています。締め切り直前というギリギリの状態で完遂できたという事実こそが、大きな安堵感をもたらすのです。

これがくり返されると、その人のなかで先延ばしが習慣化されていきます。そして、習慣化された行動を修正するのは、非常に困難です。なぜなら、そのときに得た安心や達成感といったプラスの感情が大きいからです。得られるものが大きいものほど、それを簡単には手放したくないですよね。

また、人は過去の成功経験をくり返したくなるものです。過程がどうであれ、結果としてうまくいった事例ですから、そのやり方を踏襲したくもなります。ですが、当然ながら土壇場になってタスクに取り組むことは、期限に間に合わなくなるというリスクを常に孕《はら》んでいますし、何より身体にも心にも過剰な負荷をかけることになります。若いうちであれば、1、2日の徹夜なら身体がもつかもしれませんが、大きな負荷がかかっていることに変わりはありません。また、睡眠は記憶の定着にも重要な役割を担っているといわれていますので、学んだことを記憶として定着させるためにも、睡眠時間の確保は大切です[1]。

このようなギリギリ型の人に対しては、周りの人も心配して「もっと早くからやった方が……」といいたくなります。私も教員として学生に助言すると、「これまでずっとこのペースでやってきたからこれで大丈夫です」と返されることがあります。そのどこか満足気な徹夜明けの顔は、その学生が危険の一歩手前にいることを表しているようにもみえます。

こうしたギリギリの状態での望ましくない成功経験の積み重ねが、1つのカンフル剤になって先延ばしの習慣化につながってしまうと、その習慣を一朝一夕で改善することはできなくなります。これが厄介な先延ばしのメカニズムです。

「今のやり方、ちょっとやばいかも……」と思ったギリギリ型の方は、心身に不調をきたす前に、取り組み方を見直してみることをおすすめします。

1-2. 前倒しのメリットとデメリット

前倒しのメリットを端的にいえば、タスクを早めに開始することで効率的または合理的にタスクを処理でき、後の楽しみや快適さをもたらすことです。これは、セルフコントロールに成功しているがゆえ、とも捉えることができます。

反対に、前倒しで問題になるのが、4章で示したセルフコントロールのし過ぎ、つまり「過剰な前倒し」です。セルフコントロールの成功や失敗と表現すると、セルフコントロールの力が高ければ高いほどよいと思われがちですが、必ずしもそうではないのです。

たとえば、とにかく早く処理しようとタスクにとりかかることで早とちりや思いがけないミスが発生することがあります。私の場合、中学生、高校生の頃は先生から「計算ミスが多い」「もっとゆっくり解きなさい」とよくいわれました。ケアレスミスで、テストではいったい何点損をしてきたことでしょうか。受験前の模試では大胆にマークミスをしてしまったこともあり、「次こそは必ず確認する!」と何度も肝に銘じたものです。

ほかにも、早くメールを送ろうとし過ぎて、よく内容を確認せずに送信してしまい、後で見直したときに誤字に気付いて恥ずかしい思いをしたり、「もっとこのことも書くべきだったのに」と後悔したりすることもあります。

約束の時間よりもだいぶ早く待ち合わせ場所に到着してしまったり、出張や旅行などで飛行機に乗るときにはやたら早めに空港の搭乗口に向かおうとしたりもして、必要以上に長い時間を空港で過ごしています。「乗り遅れたらいけない!」と思うがあまり、過剰にセルフコントロールしてしまうのです。

前倒しのための過剰なセルフコントロールは、多くの無駄と余計なコストやリスクを生じさせます。後のことを重視するあまり、それ以外のことをないがしろにしてしまっては本末転倒です。もっといえば、タスクを早めに処理することに執心するあまり、常に緊張状態となって心身のバランスを崩してしまう可能性すらあります。セルフコントロールの失敗による先延ばしの結果と、セルフコントロールのし過ぎによる前倒しの結果が、同じになることがあり得るわけです。「過ぎたるは猶《なお》及ばざるが如し」とは、まさにこのことです。

2．適時のタスクマネジメント

先延ばしと前倒しという2つの概念には双方に長所と短所があり、どちらが正しくどちらが間違っているというものではないことが、おわかりいただけたかと思います。こう考えると、両者のバランスを保つことが、さまざまなタスクマネジメントの効率化や問題解決への鍵を握っているように思います。

ここからは、個人、二者関係、集団・社会という3つの視点から、効率的なタスクマネジメントのあり方を考えていきましょう。

2－1．過剰な前倒しや先延ばしへの具体策

先延ばしで発生するさまざまな問題については、すでに実践的な介入も行われていますが、

過度な前倒しについては対策が不十分なのが現状です。ここでは、前倒しの傾向が高い人への具体的な対策を考えていきます。

前倒し派の人のなかには、「いつも早めに報告書を上げているのに上司の評価が上がらない」「レポートを早く提出しているのに成績が悪い」という悩みをかかえている方もいらっしゃるかと思います。

その場合はまず、その報告書や課題にどれくらいの時間をかけたかを考えてみてください。とりあえずさっさと終わらせた報告書を提出すれば、後で細かいミスがいくつも見つかって再提出を求められたり、課題の完成度が低くなって二度手間になったりします。目の前のタスクによって発生する「やらなくちゃ」という認知的負荷を消去することはできても、それ以上のコストが生じている状態です。

対策として有効なのは、タスクにとりかかる前に、そのタスクに必要な時間を十分に検討したうえで、余裕をもってスケジュールに入れておくことです。そして、提出前の「見直し」までタスクに組み込んでおくのです。

頭のなかに多くのタスクをかかえた状態で、次にとりかかるタスクを探しては潰《つぶ》していくというタスクマネジメントは、常に気が散っている状態でもあり、心が休まるときがありません。そうした状態が続くと、取り返しのつかない事故やトラブルにもつながりかねません。ときには好きなことに没頭し、セルフコントロールの失敗も視野に入れながら、せっかちな自分とのんびり屋さんな自分を行き来してみるのもよいかもしれません。

続いて、先延ばしの傾向が高い人に有効な対策を考えます。締め切りの直前までグズグズしてしまう状態を回避する方法には、ＴｏＤｏリストによる管理などがありました（序章）。

それに加えて私がおすすめしたいのは、「仕事に追われてはいけない。追いかけるくらいの感覚で」という言葉を、頭のどこかに置いておくことです。これは、自営業をしていた私の祖父母の言葉です。そもそも私が前倒し派になったきっかけは、幼いときから祖父母にかけられていたこの言葉だったように思います。

明日は何が起こるかわからない。何が起こっても大丈夫なように、できることはできるうちにやっておきましょう、というのがこの言葉の真意です。幼いときは何となく聞いていましたが、今になるとその意味がよくわかります。

突然、思いがけないトラブルに巻き込まれたり、当たり前だと思っていた日常が変わってしまったりすることもあります。自身が体調を崩してしまったり、家族のケアが必要になったりして、予定していた作業日を使えなくなるということは頻繁に起こります。それらが自分に限らずチームのメンバーにも発生し得ることを考えれば、こうした予定外の事態はむしろ日常茶飯事といえるでしょう。

昨今では、気候変動による異常気象などで輸送機関が止まることも頻発しています。そのために必要な資料が期限までに届かなかったり、予定していた出張が中止になったりすることも珍しくありません。物価の高騰に伴って見積もりを取り直さなければならなくなったり、納期が遅延したり、そのたびに新たなタスクが次々に追加されるというような話もよく聞きます。

このように、予定を変えて対応しなければならないことが起きたとき、できるタスクにはなるべく早めにとりかかっておいたことで、「助かった」「あのときやっといてよかった」と安堵した経験が、私には何度もあります。少しオーバーかもしれませんが、「前倒ししておいてくれた過去の自分に救われた」と思うこともありました。

「今やっておこうか、後に回そうか」と迷ったときは、できる範囲で早めにやっておく。それによって失敗することもあるかもしれませんが、過度な前倒しにならない限り、大きな損はしないはずです。

2-2. 前倒しするにもほどがある！

職場で同僚と過ごしたり、家族や友人と余暇を過ごしたり、私たちは多くの時間を他者と共有しながら生活しています。職場においても家庭においても、他者と共同作業を進めていく場面で、先延ばし派と前倒し派がぶつかることもあるでしょう。

我が家においては、すでにさんざんお伝えしているように、私は前倒し派、夫は先延ばし派です。この特性の違いは、2人の家事や仕事の進め方に如実に表れます。前倒し派の人は、もうちょっと待った方が楽なのにもかかわらず、家事というタスク全般には早々にとりかかろうとします。すぐ動いてしまうことで、後々余計な労力を支払うことになるのが薄々わかっているにもかかわらず、です。それだけ認知的負荷に敏感なのでしょう。

カナダのサイモンフレイザー大学のフリーマンらは、時間選好と意思決定の観点から、今タスクをするか、それとも将来するのを待つかを選択してもらう実験を行っています。この実験に参加した半数以上の人が、タスクの量が増えても（具体的には約6分間の追加タスクを行う）、そのタスクに今すぐとりかかることが示されています。[2]

これは驚くべき結果とされていますが、前倒し派の方々には身に覚えがあることでしょう。私もしょっちゅうやっています。

たとえば、家具を購入しようとする際、下調べをせずに欲しいものをどんどんリストアップしていくので、非現実的なリストができます。加えて、事前に置き場所の長さを測らないので、購入家具が自宅の寸法と合わずに失敗することもあります。急に断捨離を思い立っては、資源ゴミの日程を確認せずに大きな物をさっさとゴミ袋にまとめてしまい、ゴミの回収日まで巨大なゴミ袋を眺めながら生活することになったりもします。

年末には大掃除に張り切るものの、危うく必要な書類までシュレッダーにかけてしまいそうになったり。カレーを作るときには、ニンジンとジャガイモにまだ十分火が通っていないのにさっさとルーを入れてしまい、硬い野菜を食べる羽目になったことも一度や二度ではありません。このような明らかに合理的でない前倒し行動を見て、夫は「前倒しするにもほどがある！」と心のなかで叫んでいることでしょう。

一方の夫は、先延ばし派です。差し迫った締め切りなどがあると動き出しますが、それまでの時間はゆっくり流れているような気がします。そんな我が家では、次のような会話がしょっちゅう発生しています。

（私）「燃えるゴミ、まとめておいて」

（夫）「後でやっておくよ」
（私）「後じゃなくて、今やってよ」
（夫）「（ゴミは後でまた出るんだから、今やったら二度手間でしょうが……。なぜ学ばないのだろう。ハァ）」

夫がなかなか動かないので、前倒し派の私が先立ってあれこれと行動することもあります。タスク完了までのスピードだけをみれば私の方が合理的かもしれませんが、過度な前倒しに伴うリスクや失敗をふまえれば、結果として夫のやり方の方が合理的で仕事の質が高いこともよくあります。

職場でも、似たような事態が発生していることでしょう。社会生活における仕事は、チームで進めることが多いですね。学生の方も、グループで課題や研究に取り組む機会があるでしょう。そして、グループでの仕事においてトラブルの火種となり得るのが、タスクマネジメントの不一致です。

たとえば、ある人はこの手順でタスクにとりかかるのに、別の人は反対の手順でとりかかるというとき、コミュニケーションが十分でないと「あの人の担当するタスクが遅れているせいでこちらの作業に支障が出ている」などの不満が発生し、その場の空気も全体としての仕事の効率も悪くなってしまいがちです。

3章でふれたように、タスクマネジメントにはその人なりのやり方があり、多様であることが一般的ですので、作業をはじめる前の十分なコミュニケーションが不可欠です。具体的には、先延ばしをしがちな人、前倒しをしがちな人、それぞれの特徴を互いに確認し、ポイントポイントでふり返りを行い、互いのタスクマネジメント情報を共有していくことです。他者が動きやすいように、そして自分も仕事を進めやすいようにするために、お互いの仕事の進め方を見つめ直すことが大切なのです。

2-3.「適時」のためのスピード調節

働き方改革に注目が集まっている昨今、効率性を重視した働き方や働き方自体の多様化について、多くの議論がなされている最中です。なかでも解決すべき重要な課題が「長時間労働の解消」です。

長時間労働の要因は、仕事量やチームワークのあり方なども大きく関わっていますが、タスクの先延ばしによる残業時間の長時間化も指摘されています。かといって、先延ばしを避けようとして、極端な前倒しや身体を酷使するような働き方をすることも避けなければなりません。先延ばしと前倒しのバランスのとれた仕事運びが大切なのです。両者のバランスをとるということは、個人の心身の健康のために、そして健全な社会を維持していくために必要なことだと私は考えます。

これまでは、先延ばし癖やその行動の改善にスポットがあてられてきました。もっといえば、先延ばしによって残業時間が増加してしまう、仕事が溜まってストレスになる、などの労務に関する問題がメンタルヘルスとともに議論されることもあります。こうした実態は現代においても看過できない問題です。しかしこれからは、それだけではなく、前倒しも新たなストレスやプレッシャーとなり、メンタルヘルスへのリスク要因となることに留意しなければなりません。

ここで、集団における意思決定の観点から、先延ばしと前倒しを捉えてみたいと思います。私たちの生活のなかには、職場や家庭、学校、その他、さまざまな集団や組織の一員として意思決定を行う場面がたくさんあります。全体で取り組まなければならない検討課題に対し、議論を通して適切な判断を下す際には、そのタイミングが重要な意味をもちます。

検討課題の規模が大きくなればなるほど、意思決定のタイミングが重視されます。十分な議論や話し合いがなされないままに決断を前倒しにしてしまっては、チームや集団にとって必要なコンセンサスが得られず、実行過程においてさまざまな支障が生じるでしょう。だからといって、決断を先送りすることにも大きなリスクが存在します。大切なのは、先延ばしでも前倒しでもない、バランスのとれた「適時」の決定です。

適時の決定は、国家レベルの決定事項から日常生活における細々とした選択まで、万事において重要です。そこで、意思決定のスピードを3つのステップに分けて考えてみます。

「適時」の決定のためのスピード調整の目安

① 何に対するどのような議論が必要なのかを、早めに明らかにする（スピード重視）
② 「慎重に吟味できたか」「機は熟したのか」を確認しながら、十分な時間をかけて話し合う（質重視）
③ 議論の末に合意形成をした後は、早期に決断を下し、行動に移す（スピード重視）

このように、段階ごとにスピードを調節することが、先延ばしと前倒しのバランスをとることにつながります。

ステップごとのスピード調節ができていないと、周辺の議論ばかりをしてなかなか本質的な議論に入れない、大切なことが当事者間で共有されていないなどの事態が発生し、ダラダラと時間だけが過ぎていくことになります。その結果、時間がなくなって多数決やリーダーの一存によって議論が終結してしまい、全体のコンセンサスがとれていないがゆえに、決定後もなかなか実行に移すことができないという状態になりがちです。

時間をかけるべき箇所には徹底的に時間をかける、そうでない箇所ではできる範囲でスピードを優先するといった、ギアを変えながらのスピード調節が必要なのです。

3. 新しい協働型ToDoリスト

タスク処理の効率化を図る方法の1つとして、序章でみた「ToDoリストの作成」がありました。本書の最後の節では、これまでの先延ばしや前倒しに関する議論をふまえたうえで、グループで協働してタスクを行う際に利用するToDoリストを作成していきましょう。効率的なタスクマネジメントに向けて、先延ばし派、前倒し派、それぞれの人の特徴や両者の関係性を俯瞰しながら、従来のToDoリストをメタ的な観点から捉え直していきます。

ただし、バランスが崩れることで生じる問題に適切に対処するためには、対象とするそれぞれの概念の特徴を明確にする必要があります。しかしながら、本書を通じてお伝えしているように、特に前倒しの特徴は現在も検討が続けられている最中であり、一貫した研究結果が得られていません。

よって、これから示す新しい協働型ＴｏＤｏリストは、あくまで私の研究および日常生活での気付きから得られた示唆にもとづいたものです。一部、曖昧な部分や汎用性に欠ける可能性があるという前提のもとで、参考にしていただければ幸いです。

まず大事なことは、プロジェクトをはじめる前に、自分自身が、そしてメンバーそれぞれが、先延ばし派なのか前倒し派なのかを、おおまかにでも把握しておくことです。普段の会話などから、だいたいどっちの傾向が高いかを知ることもできますし、186ページで紹介した先延ばしの尺度の得点をメンバー同士で共有し合うのもいいですね。

もちろん、どちらでもない、という人もいるかもしれません。その場合は、ほかのメンバーと比べて相対的にはどちらであるかを把握するのもよいでしょう。タスクマネジメントの捉え方やタスクの処理方法自体は、十人十色で違って当然です。まずは知ることが大切です。

それでは、**図表6－1**をご覧ください。左側が先延ばし派、右側が前倒し派用のＴｏＤｏリストです。まず注目していただきたいのが、両タイプが1つの円になっていることです。

図表6-1　新しい協働型ToDoリスト

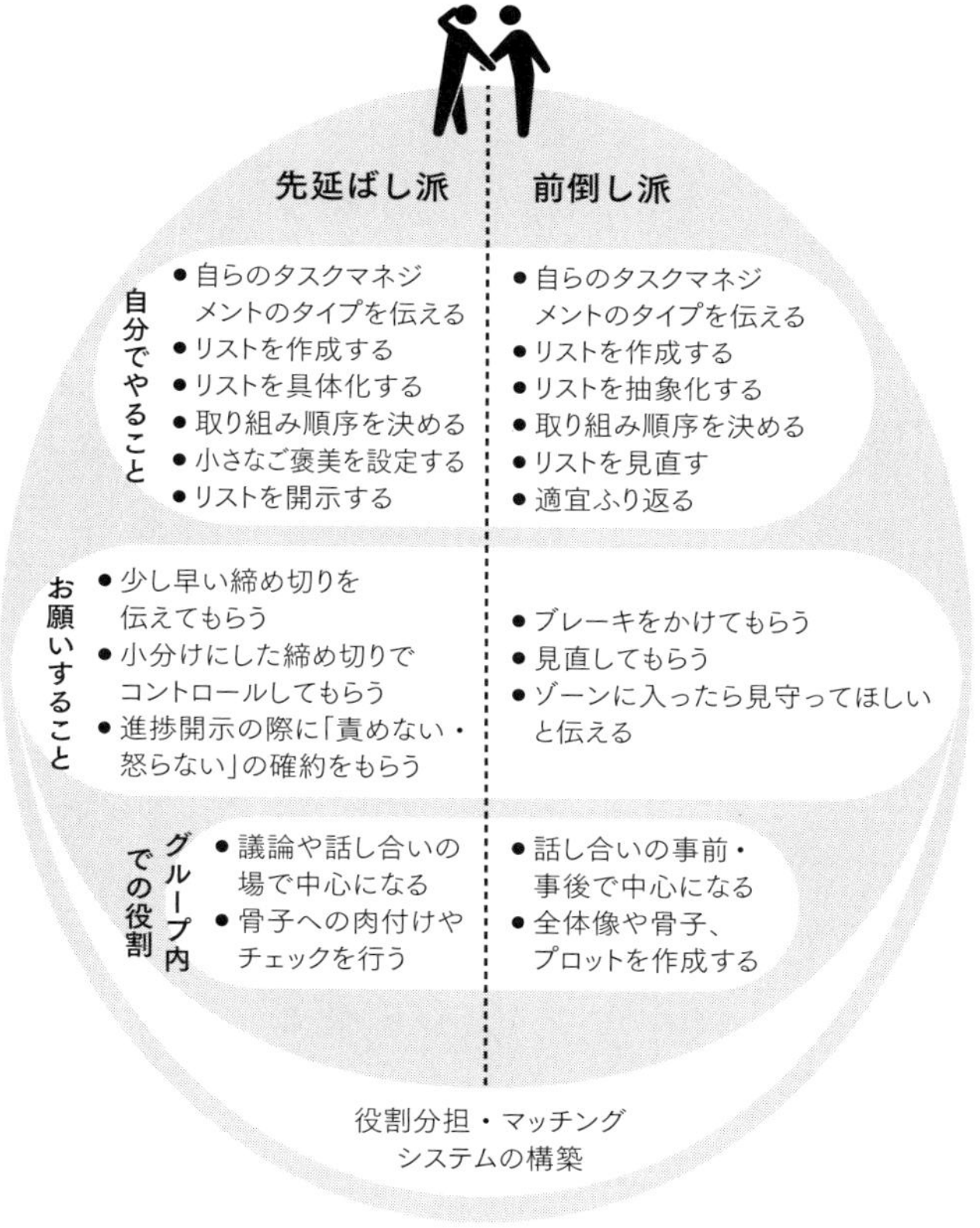

	先延ばし派	前倒し派
自分でやること	● 自らのタスクマネジメントのタイプを伝える ● リストを作成する ● リストを具体化する ● 取り組み順序を決める ● 小さなご褒美を設定する ● リストを開示する	● 自らのタスクマネジメントのタイプを伝える ● リストを作成する ● リストを抽象化する ● 取り組み順序を決める ● リストを見直す ● 適宜ふり返る
お願いすること	● 少し早い締め切りを伝えてもらう ● 小分けにした締め切りでコントロールしてもらう ● 進捗開示の際に「責めない・怒らない」の確約をもらう	● ブレーキをかけてもらう ● 見直してもらう ● ゾーンに入ったら見守ってほしいと伝える
グループ内での役割	● 議論や話し合いの場で中心になる ● 骨子への肉付けやチェックを行う	● 話し合いの事前・事後で中心になる ● 全体像や骨子、プロットを作成する

役割分担・マッチング

システムの構築

筆者作成

この円は信頼を表しています。両タイプは左右に位置付けられていますが、大前提になるのが、互いを理解しようという姿勢です。これが後に続くすべてのステージで重要な役割を担っていきますので、あえて先延ばし派と前倒し派の間の区分を点線で表しています。

次に、半円のなかをみていきましょう。左側が先延ばし派の人、右側が前倒し派の人に向けてのＴｏＤｏリストです。先延ばし派の人にとっても、前倒し派の人にとっても、一番上の「自らのタスクマネジメントのタイプを伝える」というのは共通のタスクです。

3-1．先延ばし派の「自分でやることリスト」

先延ばし派の人はまず、やるべきタスクを列挙したＴｏＤｏリストを作ってください。このときのポイントは、1章で示したように、できるだけタスクを具体化することです。1つひとつのタスクをおおまかに書くのではなく、何からとりかかるかが明確になるよう、具体的に書きます。

そのうえで、取り組み順序を自ら決めていきます。「締め切りの近いものから」「嫌いなことから」のように、タスクの性質やご自身の好みによって決めてかまいませんが、締め切りまであと何日あるかを常に頭に置きながら、計画を立てるとよいでしょう。

さらに、それぞれのタスクをクリアできたときには、1つひとつの小さなご褒美（○○が終わったら、我慢していた漫画の最新刊を読むなど）を計画に入れておくことも、モチベーションを高めるきっかけになります。

そして、その取り組み順序をメンバーに開示します。できるだけ多くの人に見てもらう方が効果的です。これは、「プレコミットメント（事前に周囲に宣言しておくこと）」と呼ばれる先延ばしへの対策の1つで、実行力を高めるうえでも有効な手段です。[3]

また、作業は1人ではなく、周りにだれかがいる場所で行うのがよいでしょう。他者が存在することでそのタスクのパフォーマンスが高まることもあります。社会心理学者のザイアンスは、他者の存在によって覚醒水準が高まり、タスクの遂行が促進されることを「社会的促進」と呼んでいます。

ただし、タスクの特徴によっては（慣れないタスクなど）、他者の存在がタスクの遂行を妨害する（社会的抑制）こともあるので、臨機応変に行いましょう。[4]

3-2. 前倒し派の「自分でやることリスト」

前倒し派の人も、まずはＴｏＤｏリストを作成して取り組み順序を決めていくのは先延ばし派と同じですが、重要なのはリスト作成後にじっくり見直しをすることです。無理がある計画になっていないか、先のことを考え過ぎて直近の予定をパンパンに詰め込み過ぎてはいないかを、この時点で確認しておきます。その際に、「このタスクまでこの日に終わらせておく必要はないかな」というラインを引くことができたら、一旦必要のないタスクとして別の場所に移します。

また、あまりに具体的で細かなタスクがたくさん並んでいると、前倒し派はさっさと片付けたい気持ちを抑えられず、ミスが発生しやすい状態になります。ある程度具体化されている類似タスクは1つにまとめて大きなタスクにしたうえで、本当にそのスケジュールで無理なくできるかどうかを再確認してみましょう。抽象化することで過度の前倒しを防ぐという、先延ばし派とは逆の作業です。

計画は締め切りを意識しながら立てますが、「もう○○日しかない」というより「まだ○○日もある」のように考え、詰め込まずに余裕をもったスケジュールを心がけます。そして、タスクの進行中も、自分で自分の進捗を適宜ふり返ってみます。タスクが完了してからも、すぐにそのタスクを消去したい気持ちをグッとこらえて、見直すことを忘れないようにしましょう。

3－3．「やる気」は取り扱い注意

次に、図表6－1の2段目をみていきます。この半円は、先延ばし派の人と前倒し派の人が、お互いにやってもらうことのリストです。先延ばし派の人、前倒し派の人、それぞれが作成したＴｏＤｏリストを共有しながら、前倒し派の人が先延ばし派の人を、そして先延ばし派の人が前倒し派の人を、どのように理解し、サポートしていけばよいのかをまとめています。

それぞれのリストを細かくみる前に、特性の異なる人同士がお互いをサポートするうえで知っておくべき心理学的知見をお伝えしておきます。

「自分でやりたい」「できると信じたい」という気持ちは、いずれも人にもともと備わる基本的な欲求です。アメリカの心理学者、ライアンとデシは、こうした欲求を満たすことが内発的動機づけを高めることを示しています。[5] そして、内発的な動機づけ、つまり自分からやりたいと思うことは、先延ばしを防ぐことにもつながります。

しかし、この内発的な動機づけは、なかなかデリケートです。自分からやりたいと思っていても、外部からの不適切な介入によって、しぼんでしまうことがあります。本当に「やりたい」と思っていたのに、「やらされている」と感じることによって内発的な動機が損なわれてしまうことを、「アンダーマイニング現象」と呼びます。

スタンフォード大学のレッパーらは、3歳から5歳の保育園児を対象にフィールド実験を行いました。[6] 彼らは、絵を描くことに内発的な興味をもっていた子どもたちをグループに分け、あるグループには、絵を描いたらご褒美（金の星とリボン付きの賞状）があることを伝えました。

すると、ご褒美があることを知らされたグループの子どもたちの方が、知らされていなかった子どもたちよりも、絵を描くことに対する自発的な興味・関心が有意に低くなっていたのです。これは、ご褒美があることによって「やらされている」感覚になることが、すでにもっていたやる気や内発的な動機づけを弱体化させることを示しています。

皆さんにも、「今日は勉強を頑張ってみるか！」とやる気になっているところで、親や先生に「いつになったら勉強するの」などといわれ、「今やろうと思っていたのに……」とやる気がしぼんでしまった経験があるのではないでしょうか。「いわれるとやりたくなくなる現象」ですね。サポートする側は、不適切なタイミングでの声かけが場合によっては逆効果になるということを、肝に銘じておきましょう。

ちなみに、この現象は前節でも解説した「自分へのご褒美」でも発生します。つまり、自分で作ったＴｏＤｏリストにご褒美を組み込む場合にも、注意が必要だということです。あるタスクに向けてやる気を出して取り組んでいたとしても、そこに自分で設定したご褒美が何度も頭をよぎってタスクに集中できなくなったり、タスク自体に興味を失ったりする場合があります。[7]

比較的単純で質より量が重視されるようなタスクや他人に課されたタスク、たとえばルーティーンの事務作業や掃除などの家事であれば、ご褒美によって多少集中力が削がれてもタスクを進行できますので、ご褒美の設定は有効です。

逆に、複雑だったり量より質が重視されるタスクや自発的な動機によるタスク、たとえば文章を書いたり新しいプランを練ったりするクリエイティブな仕事の場合は、ご褒美によってタスクの重要性や創造性が阻害されてしまいます。[8]

先にふれたように、人はもともと「自分でやりたい」という内発的な欲求をもっています。アメとムチだけですべての行動をコントロールできるわけではないのです。ご褒美をうまく活用するためには、タスクの性質、選好、動機づけに応じて、活用方法を変える必要があります。

3-4．先延ばし派から前倒し派への「お願いリスト」

それでは、リストの真ん中の段をみていきましょう。まず、左側の半円は、先延ばし派が前倒し派にやってもらうことで、全体の進行がスムーズになる項目です。

先延ばし派の人のタスクには、「少し早い締め切り」を、前倒しの人に設定してもらいます。実際の締め切りより少し早くに設定することがポイントです。締め切りまで時間があるのに、「早く進めた方がいいよ」と先延ばし派を急《せ》かすことは、「そんなことはわかってるよ」という反発を呼ぶだけです。締め切りを物理的に近づけることによって、先延ばし派が自ら行動するように仕向けるのです。

また、先延ばし派のタスクをいくつかに切り分けて、各々に小さな締め切りを設定するのも有効です。破ってはいけない締め切りの前に、いくつかの小さな締め切りを作るのです。メンバーが決めてくれた締め切りが先延ばし派にとってのトリガーとなり、タスクにとりかかりやすくなります。自分が設定した締め切りよりも、他者が設定した締め切りの方が、守ろうとする意識が高くなるからです。また、タスクの切り分けによってやらなければならないことが具体化し、取り組みやすくなります。

このような細かな目標設定、他者からの期待やコントロールは、その人の自己効力感、つまり「自分はできる」という確信度を高めることにもつながります。それによる成功経験は自己効力感をより確かなものにするでしょう。[9,10]

また、タスクの分担が適切でなく、メンバーの負担に偏りが生じている場合にも、先延ばしは発生しがちです。負担の重いメンバーがかかえるタスクの一部が先延ばしされるのは必然です。タスクを細かく切り分けることは、業務量の「見える化」につながり、こうした負担の偏りを改善するきっかけにもなります。

最後に、前倒し派が先延ばし派をサポートするうえで守るべき大切な約束があります。先延ばし派が締め切りを守れなかったり、タスクを先延ばしてしまったりした場合、これを責めたり怒ったりしては絶対にいけないということです。

自己効力感、つまり自信をもちたいと思うことはだれにでも備わっている欲求で、人間の行動の源泉の1つでもあります。この欲求が満たされない状態では、タスクにとりかかろうとするモチベーションはあがりません。

さらに、責めたことでその後の情報共有が滞った場合には、チーム全体のマネジメントがうまくいかなくなります。先延ばし派からすれば、正直に進捗を開示した結果、「全然やってないじゃん！」と怒られれば、「自分はギリギリの方がやる気が出るんだから、放っておいてほしい」という気持ちにもなるでしょう。その結果、本当の締め切りに間に合わないという最悪の事態に発展するかもしれません。

「絶対に怒らないから、とりあえず進捗を見せて」といったなら、絶対に怒らないことを徹底しましょう。

3-5. 前倒し派から先延ばし派への「お願いリスト」

前節を読んだ前倒し派の皆さんは、「大人なんだから自己管理くらいしてくれよ」とウンザリしたかもしれません。しかし、くり返し書いているように、先延ばし派には先延ばし派のよいところがありますし、前倒し派の「やり過ぎ」を中和する力もあるのです。

図表6-1の2段目の右半分は、前倒し派が先延ばし派に依頼するべき項目です。

まず、前倒し派の弱点は、アクセルを踏み過ぎることです。「自分でやることリスト」にも「適宜のふり返り」がありますが、自分のスピードは自分ではわかりにくいものです。とはいえ、ここで先延ばし派が「何のためにそんなに急ぐの？」などと責めるような声かけをするのは禁物です。「このテーマにはこんな側面もあるんじゃない？」など、一歩引いているからこそみえている状況を共有するなどして、自らブレーキを踏むよう促すのが得策です。

また、1つのタスクが完了したら、ほかのメンバーによるチェックを義務付けるのも効果的です。できるだけ多くの人に見直してもらうとよいでしょう。

そして、前倒し派への声かけで注意すべきなのは、集中状態にあるかどうかを観察することです。先延ばし派の場合、ゾーンに入るのは締め切り直前になるので時期がわかりやすいですが、前倒し派は開始早々にゾーンに入ることもあります。

先延ばし派のタスクマネジメントを基準として、「まだはじまったばかりだから」と延々と議論をもちかけるような声かけは、前倒し派の人にとっては過度なブレーキとなるかもしれません。早く「やらなくちゃ」という認知的負荷を減らしたくて頑張っているのですから、「邪魔された」とイライラすることもあるでしょう。先走っているようにみえても、集中して作業をしている最中は見守り、見直しの時点で介入することをおすすめします。

3-6. 分担システムの構築とタスクマネジメント

最後に、一番下の半円をみていきましょう。ここは、先延ばし派の人、前倒し派の人、さまざまな人が組織や家庭、社会で一緒に働いたり、チームやグループでタスクを遂行したりするときの役割分担に焦点をあてています。

本章2－3では、タスクのステップによって早さを調節していく必要性にふれました。それをふまえると、話し合いに入る前の調整や、結論が出た後の実行過程を前倒し派が、十分な話し合いが必要な場面では先延ばし派が中心となって、グループのタスクを管理していくと、「適時」のマネジメントができそうです。それぞれの仕事を、タスクマネジメントへの特性によって割り振ってみるのです。

十分な話し合いが必要な場面や状況では、先延ばし派の人を中心にいろんな角度から検討します。前倒し派の人は、そのスピードを活かして、話し合いの全体像や骨子、プロットを作成します。

そして、話し合いの前後（あるいは途中）では、前倒し派の人を中心にしながらも、熟考するタイプの先延ばし派の人が、肉付けを行ったり、枝葉をつけたり、チェック機能を万全にしたりするのです。前倒し派の人が「早さ」を、先延ばし派の人が「正確さ」を担当することで、早くて正確なパフォーマンスを達成できるのです。

もちろん、このように万事がうまくいくというものではありませんが、役割分担を意識しながら、ときには役割の境界をまたいで協力し合うことは、お互いの信頼関係を深めていく一助にはなるように思います。このような分担が機能したときには、互いが互いをサポートし合える理想的なシステムが、次第に構築されていくのではないでしょうか。

3-7. 先延ばしと前倒しは握手する

ダラダラと時間を浪費すると思われがちな先延ばし派ですが、先延ばし派の人がいることによって、実はチームとしてのパフォーマンスが上がっているというケースもよくあります。前倒し派の人がおおまかに決めた骨子に肉付けを行いながら、チームの中核になっているということも往々にしてあるのです。

とはいえ、このようなバランスのとれたシステムの構築は「言うは易く行うは難し」です。互いの特性を理由にイライラしてしまうときには、お互いのいいところを今一度思い出し、異なるタスクマネジメントが合わさってこそ高いパフォーマンスが発揮できるということを再確認してみてください。どうしてもうまくいかなかったり、相性の悪い人がいたりする場合などは、チームの再編成やメンバーの入れ替えを行うなどして、システムの再構築をすることもマネジメントの1つです。

一方、家庭の場合はメンバーの入れ替えは簡単にはできませんので、まずはお互いの特性をジャッジせずに認め合う努力が重要になるでしょう。

タスクマネジメントのあり方は、人や状況によって実に多様です。これからは、仕事の進め方も多様な価値観によって支えられるようになっていくでしょう。皆さんも、自身の特性を念頭に置きながら日々のタスクマネジメントをふり返ることができたでしょうか。

本書ではさまざまな研究の知見を紹介しつつ、具体的な行動についての提案をしてきました。この提案が多くの人のタスクマネジメントを円滑にし、心身の健康と健全な社会の実現に少しでも貢献することを願いながら、本書を締めくくりたいと思います。

1 Ellenbogen, J. M., Hulbert, J. C., Stickgold, R., Dinges, D. F., & Thompson-Schill, S. L. (2006). Interfering with theories of sleep and memory: Sleep, declarative memory, and associative interference. Current Biology, 16 (13), 1290-1294. https://doi.org/10.1016/j.cub.2006.05.024

2 Freeman, D. J., & Laughren, K. (2024). Task completion without commitment. Experimental Economics, 27, 273-298. https://doi.org/10.1007/s10683-024-09824-2

3 Ariely, D., & Wertenbroch, K. (2002). Procrastination, deadlines, and performance: Self-control by precommitment. Psychological Science, 13 (3), 219-224. https://doi.org/10.1111/1467-9280.00441

4 Zajonc, R. B., & Sales, S. M. (1966). Social facilitation of dominant and subordinate responses. Journal of

Experimental Social Psychology, 2 (2), 160-168. https://doi.org/10.1016/0022-1031(66)90077-1

5 Ryan, R. M., & Deci, E.L. (2017). Self-determination theory: Basic psychological needs in motivation, development, and wellness. Guilford Press.

6 Lepper, M. R., Greene, D., & Nisbett, R. E. (1973). Undermining children's intrinsic interest with extrinsic reward: A test of the "overjustification" hypothesis. Journal of Personality and Social Psychology, 28 (1), 129-137. https://doi.org/10.1037/h0035519

7 寺田 未来・浦 光博（２０１３）．課題動機と有能感に着目した自己制御メカニズムの検討、心理学研究、84（5）、477−487． https://doi.org/10.4992/jjpsy.84.477

8 Cerasoli, C. P., Nicklin, J. M., & Ford, M. T. (2014). Intrinsic motivation and extrinsic incentives jointly predict performance: A 40-year meta-analysis. Psychological Bulletin, 140 (4), 980-1008. http://dx.doi.org/10.1037/a0035661

9 Bandura, A. (1997). Self-efficacy: The exercise of control. W.H. Freeman and Company.

10 Locke, E. A., Shaw, K. N., Saari, L. M., & Latham, G. P. (1981). Goal setting and task performance: 1969-1980. Psychological Bulletin, 90 (1), 125-152. https://doi.org/10.1037/0033-2909.90.1.125

おわりに

あなたは、先延ばしと前倒し、どちらのタイプですか？　本書であげた例に、ご自身の行動はどれくらいあてはまりましたか？

先延ばし派、あるいは前倒し派にとっての「最強のタスクマネジメント」を知るために、本書を手に取られた方もいらっしゃるかもしれません。その回答を明快に示すことはできませんでしたが、まだ進行中の研究や私自身の日々の気付きのなかから、できるだけ具体的な方策を示すよう試みました。うまくいったかは定かではありませんが、本書が皆さん自身にとっての最適なタスクマネジメント法をみつけるきっかけになったなら、筆者にとっては望外の喜びです。

本書の執筆にあたり、これまで以上に多様な分野の方々とつながる機会をいただきました。そのたびに感じたのが、先延ばしと前倒し、そしてタスクマネジメントという研究テーマには、専門分野を問わず、そして年代も職種も問わず、非常に多くの方が強い関心をもっておられるということです。子どもたちや学生、社会人というさまざまな立場の方々からお話を聞くにつれ、このテーマがいかに人の日常に、そして社会に身近なものとして根付いているかを実感しました。

本書では、主に心理学的アプローチを用いて、初学者にもわかりやすいように、最新の研究や卑近な例を用いて先延ばしのメカニズムを解くことに注力しました。そのため、社会神経科学的なアプローチや、先延ばしに対処する実践的・臨床的なアプローチについては、十分には紹介できていません。

また、タスクマネジメントについては、個人や小さなチームを念頭に置いて論じたため、組織的・社会的なレベルには踏み込んでおりません。これらのアプローチについても豊富な知見が蓄積されていますので、関心がある方はぜひ勉強してみてください。

前倒しは、まさに「古くて新しい」研究テーマです。本書では「現時点では結論が出ていません」などとお断りをした部分もいくつかあります。進行中・検討中であった研究テーマを見直したり問題を捉え直したりしながら、また結論が一貫していない先行研究と睨めっこしながら、本書の執筆を進めました。そのことによって、話が複雑になったり、論理が飛躍したりしている部分があるかもしれません。読者の方からもさまざまなご指摘をいただければ嬉しく思います。

前倒し研究の歴史は、まだはじまったばかりです。人間の行動のルーツに迫るテーマとして、今後さらに注目されていくはずです。この知見の蓄積に少しでも貢献できるよう、これからも研究に真摯に向き合っていきたいと思っています。

このたびは、先延ばしと前倒しをテーマに、研究の知見や私の考えを発信できる機会をいただいたことについて、大変ありがたく思っております。光文社書籍編集部の永林あや子様には、論文を目に留めてお声がけいただいたこと、そして私にとっては慣れない執筆作業に懇切丁寧にアドバイスをいただいたことに、大変感謝しております。本当にありがとうございました。

本書の執筆は、できる限り最新の、そして分野に拘《こだわ》らない幅広い知見のレビューを通して進めました。その過程で、多くの先生方や先輩方、同僚からの指導や励ましがあったことを改めて感じました。心理学に出合った母校、これまで私が所属してきた、そして現在所属する大学の皆さま、本書の執筆や研究にあたって助言を賜りましたすべての方々に、厚くお礼を申し上げます。

そして、私が前倒しの研究に興味をもちはじめたとき、「これは、あなたにピッタリのテーマだね」と、一番近くで研究を後押ししてくれたのが、本書の事例やエピソードにたびたび登場してもらった夫です。

夫は、私と同じく研究者です。典型的な先延ばし派の夫と、前倒し派の私という二者関係のなかで、日々の家事やタスクを処理していく毎日は、互いのよさを活かした効率的なタスクマネジメントをめざすうえで、まさに実践的なトレーニングの場でもあります。

もちろん、2人の間でのマネジメントが違うことで衝突（というよりは私が一方的に当たっている……）することもありますが、その後に実体験として得た先延ばしと前倒しの双方のメリット・デメリットを考察し、どのような改善策が必要かを話し合います。

私があまりにもテキパキと前倒しをし過ぎていたり、中途半端なパフォーマンスでその場しのぎをしようとしたりする（悪しきタスクマネジメントの典型例です）ときに、「もったいない」「もう少し時間をかけよう」と手綱をとってくれるのは夫です。互いの得意分野を熟知したうえで、意見を尊重し合える夫のおかげで、本書を書き終えることができました。
そして、このように研究に向き合うことができる環境を支え続けてきてくれた両親と祖父母に、心からの感謝を伝えます。

二〇二五年一月　　安達　未来

安達未来（あだちみき）

1986年生まれ。2009年、広島大学総合科学部卒業。2014年、広島大学大学院総合科学研究科博士課程後期修了。博士（学術）。専門は社会心理学、教育心理学。大手前大学助教、講師等を経て、2021年より大阪電気通信大学准教授。セルフコントロールや学習支援を中心に、理論的・実践的な研究を行っている。著書に『生徒指導・進路指導（よくわかる！教職エクササイズ4）』（共編著、ミネルヴァ書房）がある。

締《し》め切《き》りより早《はや》く提出《ていしゅつ》されたレポートはなぜつまらないのか

「先延《さきの》ばし」と「前倒《まえだお》し」の心理学《しんりがく》

2025年4月30日初版1刷発行

著　者 ―― 安達未来
発行者 ―― 三宅貴久
装　幀 ―― アラン・チャン
印刷所 ―― 萩原印刷
製本所 ―― ナショナル製本
発行所 ―― 株式会社光文社
東京都文京区音羽1-16-6（〒112-8011）
https://www.kobunsha.com/
電　話 ―― 編集部03（5395）8289　書籍販売部03（5395）8116
制作部03（5395）8125
メール ―― sinsyo@kobunsha.com

ISBN 978-4-334-10619-5

1324
定年いたしません！
「ジョブ型」時代の生き方・稼ぎ方
梅森浩一
「終身雇用」崩壊の時代、考えておくべき定年前後のライフプラン。自身が定年を迎えた人事のプロが、現実を前に、ジョブ型転職や給与、65歳からの就活について余すところなく解説！
978-4-334-10398-9

1325
なぜ地方女子は東大を目指さないのか
江森百花　川崎莉音
資格取得を重視し、自己評価が低く、浪人を避ける——。地方と女性という二つの属性がいかに進学における壁となっているのか。現役東大女子学生による緻密な調査・分析と提言。
978-4-334-10399-6

1326
しっぽ学
東島沙弥佳
ヒトはどのようにしてしっぽを失った？　しっぽにどんな思いを馳せてきた？　しっぽを知って、ひとを知る——。文理を越えて研究を続けるしっぽ博士が、魅惑のしっぽワールドにご案内！
978-4-334-10400-9

1327
人生は心の持ち方で変えられる？
〈自己啓発文化〉の深層を解く
真鍋厚
成長と成功を目指す「足し算型」に、頑張ることなく幸福を得ようとする「引き算型」。日本人は自己啓発に何を求めてきたか？「より良い人生を切り拓こうとする思想」の一六〇年を分析する。
978-4-334-10422-1

1328
遊牧民、はじめました。
モンゴル大草原の掟
相馬拓也
150kmにも及ぶ遊牧、マイナス40℃の冬、家畜という懐事情を近所に曝け出しての生活——。モンゴル大草原に生きる遊牧民の暮らしを自ら体験した研究者が赤裸々に綴る遊牧奮闘記！
978-4-334-10423-8

1329
漫画のカリスマ
白土三平、つげ義春、吾妻ひでお、諸星大二郎
長山靖生

個性的な作品を描き続け、今も熱狂的なファンを持つ四人。後続の漫画家（志望者）たちを惹き付け、次世代の表現を形作ってきた。作品と生涯を通し昭和戦後からの精神史を読み解く。

978-4-334-10424-5

1330
ロジカル男飯
樋口直哉

ラーメン・豚丼・ステーキ・唐揚げ・握りずしなど、万人に好まれる料理を、極限までおいしくするレシピを追求！料理に対する考えを一変させる、クリエイティブなレシピ集。

978-4-334-10425-2

1331
現代人のための
読書入門
本を読むとはどういうことか
印南敦史

「本が売れない」「読書人口の減少」といった文言が飛び交う現代社会。だが、いま目を向けるべきは別のところにあるのかもしれない――。人気の書評家が問いなおす「読書の原点」。

978-4-334-10444-3

1332
長寿期リスク
「元気高齢者」の未来
春日キスヨ

人生百年時代というが、長寿期在宅高齢者の生活は実は困難に満ちている。なぜ助けを求めないのか？今後増える超高齢夫婦二人暮らしの深刻な問題とは？長年の聞き取りを元に報告。

978-4-334-10445-0

1333
日本の指揮者とオーケストラ
小澤征爾とクラシック音楽地図
本間ひろむ

「指揮者のマジック」はどこから生まれるのか――。明治時代以降の黎明期から新世代の指揮者まで、それぞれの個性が炸裂する、指揮者とオーケストラの歩みと魅力に迫った一冊。

978-4-334-10446-7

1334
世界夜景紀行
丸田あつし
丸々もとお

夜景をめぐる果てしなき世界の旅へ――。世界114都市、602点収録。ヨーロッパから中東、南北アメリカ、アジア、アフリカまで。夜景写真&評論の第一人者が挑んだ珠玉の情景。

978-4-334-10447-4

1335
働かないおじさんは資本主義を生き延びる術《すべ》を知っている
侍留啓介

起業家にも投資家にもならず、この社会の「勝ち組」になることは可能か？ 商社・コンサル・起業を経て経営科学を修めた著者が、実務経験と学識をもとに現代日本のキャリア観を問い直す。

978-4-334-10473-3

1336
つくられる子どもの性差
「女脳」「男脳」は存在しない
森口佑介

男児は生まれつき落ち着きがない、女児は発達が早い――子どもの特徴の要因を性別に求めがちな大人の態度をデータで一刀両断。心理学・神経科学で「性差」の思い込みを解く。

978-4-334-10474-0

1337
ゴッホは星空に何を見たか
谷口義明

《ひまわり》や《自画像》などで知られるポスト印象派の画家・ゴッホ。彼は星空に何を見たのか？ どんな星空が好きだったのか？ 天文学者がゴッホの絵に隠された謎を多角的に検証。

978-4-334-10475-7

1338
全天オーロラ日誌
田中雅美

カナダでの20年以上の撮影の記録を収め、同じ場所からの撮影や一度きりの場所まで、思い立った場所での撮影日誌。第一人者が追い求めた、季節ごとに表情を変えるオーロラの神秘。

978-4-334-10476-4

光文社新書

1344
知的障害者施設　潜入記
織田淳太郎

知人に頼まれ、「知的障害者施設」で働きはじめた著者が見たものとは？　入所者に対する厳罰主義、虐待、職員による「水増し請求」——驚きの実態を描いた迫真のルポルタージュ。

978-4-334-10544-0

1345
だから、お酒をやめました。
「死に至る病」5つの家族の物語

根岸康雄

わかっちゃいるけど、やめられない……そんなアルコール依存症の「底なし沼」から生還するためには、何が必要なのか。五者五様の物語と専門家による解説で、その道のりを探る。

978-4-334-10545-7

1346
恐竜はすごい、鳥はもっとすごい！
低酸素が実現させた驚異の運動能力

佐藤拓己

中生代の覇者となった獣脚類、その後継者である鳥は、低酸素への適応を通じなぜ驚異の能力を獲得できたのか。地球の歴史と共に、身体構造や進化の歴史、能力の秘密に、新説を交え迫る。

978-4-334-10546-4

1347
地方で拓《ひら》く女性のキャリア
中小企業のリーダーに学ぶ

野村浩子

地方の中小企業で地道にステップアップした女性リーダーたちをベテランジャーナリストが徹底取材。本邦初、地方で働き続けたい女性、そして雇用者のための「地元系キャリア指南書」。

978-4-334-10552-5

1348
ひのえうま
江戸から令和の迷信と日本社会

吉川徹

1966（昭和41）年、日本の出生数が統計史上最低を記録した。干支《えと》にまつわる古くからの迷信は、なぜその年にだけ劇的な出生減をもたらしたのか？　60年周期の「社会現象」を読み解く。

978-4-334-10553-2

1349
バスケットボール秘史
起源からNBA、Bリーグまで
谷釜尋徳

19世紀末に宗教界の生き残り策として生まれたバスケットボールの世界的な普及と日本への伝来、五輪やNBAへの挑戦、ブームからやがて文化になるまでの歴史を、豊富な資料をもとに探る。

978-4-334-10554-9

1350
関係人口
都市と地方を同時並行で生きる
高橋博之

地方だけでなく都市も限界を迎えている日本にとって「関係人口＝地域外に拠点を置きながら地域と継続的に関わる人々」は救いの哲学となるのか？ 情熱的な新・地方創生論。

978-4-334-10585-3

1351
日本一ややこしい 京都人と沖縄人の腹の内
仲村清司

京都人＝イケズ⁉ 沖縄人＝排他的⁉ 実際はどうなの——⁉ 京都に拠点を置きながら沖縄に通う生活を送る著者が、両地の知られざる〝遠くて近い、深い関係〟に着目した本邦初の一冊。

978-4-334-10586-0

1352
文化系のための野球入門
「野球部はクソ」を解剖する
中野慧

一高、天狗倶楽部、朝日新聞、武士道、ニュージャーナリズム、スポーツ推薦、スクールカースト、女子マネージャー……。これまで顧みられなかった「日本の野球文化」を批評する。

978-4-334-10587-7

1353
37歳で日本人最速投手になれた理由
これからの日本野球
齋藤隆

ベイスターズとイーグルスで日本一、MLBドジャースで地区優勝。NPBもMLBも知悉した著者による野球論、ピッチング論、トレーニング論、コーチング論、ビジネス論。

978-4-334-10588-4

1354
75歳・超人的健康のヒミツ
「スーパー糖質制限」の実践
江部康二

歯・耳・目、全てよし、内服薬なし、血圧・体重も維持、夜間尿なし…52歳で糖尿病を発症も、若さと健康を保っている糖質制限のパイオニア医師が、あらゆる角度から元気の秘訣を公開。

978-4-334-10589-1

1355
締め切りより早く提出されたレポートはなぜつまらないのか
「先延ばし」と「前倒し」の心理学
安達未来

人間には「先延ばし派」と「前倒し派」がいる。やたらと称賛されがちな前倒し派には深く考えることが嫌いな傾向、先延ばし派には創造性が高い傾向もある。行動の癖を心理学で解く！

978-4-334-10619-5

1356
自分の弱さを知る
宇宙で見えたこと、地上で見えたこと
野口聡一
大江麻理子

三度の宇宙飛行を経験した宇宙飛行士と、『WBS』の元キャスターは、葛藤や挫折とどう向き合ってきたのか。ストレス、人間関係から組織論まで。「心が折れる時代」を生きるヒント。

978-4-334-10620-1

1357
介護と相続、これでもめる！
不公平・逃げ得を防ぐには
姉小路祐

介護・相続トラブルを防ぐには？ 実体験をベースに、ナマの声を拾って見えてきた日本の社会構造的な欠陥。超・高齢社会で「転ばぬ先の杖」として大事な心構えとは。核心をつく提言。

978-4-334-10621-8

1358
横尾忠則2017―2025書評集
横尾忠則

創造の秘密から死後の世界まで――。朝日新聞の書評欄で著者が取り上げた全138冊を収録。読者に新鮮な驚きを与えた実験的な書評、「見る書評」の「ビジュアル書評」も全点掲載！

978-4-334-10622-5